ESG

2023

社会责任报告
环境、社会与公司治理报告

中国电力出版社
CHINA ELECTRIC POWER PRESS

本报告披露国家电网有限公司 2023 年践行 ESG 理念，履行使命责任，推动高质量发展，支撑和服务中国式现代化，追求可持续发展的行动。

声明

国家电网有限公司努力保证报告内容的实质性、平衡性、全面性，系统阐述企业以透明和道德的方式，以及负责任的治理，有效管理自身决策和活动对利益相关方、社会和环境的影响，追求经济、社会、环境综合价值最大化的意愿、行为和绩效。

我们保证报告信息的真实性、客观性、及时性。我们希望通过发布报告等方式加强沟通、促进合作，增进价值认同，凝聚可持续发展合力。

2024 年 4 月

目录

致辞

董事长、党组书记

2023 年是全面贯彻党的二十大精神的开局之年，是三年新冠疫情防控转段后经济恢复发展的一年。以习近平同志为核心的党中央团结带领全党全国各族人民，顶住外部压力、克服内部困难，全面深化改革开放，加大宏观调控力度，着力扩大内需、优化结构、提振信心、防范化解风险，我国经济回升向好，高质量发展扎实推进。现代化产业体系建设取得重要进展，科技创新实现新的突破，改革开放向纵深推进，安全发展基础巩固夯实，民生保障有力有效，全面建设社会主义现代化国家迈出坚实步伐。

这一年，习近平总书记到南瑞集团考察并作出重要指示、提出殷切期望。国家电网有限公司领导班子团结带领广大员工牢记嘱托、感恩奋进，站在坚定拥护"两个确立"、坚决做到"两个维护"的政治高度，深入学习贯彻习近平总书记重要讲话和重要指示批示精神，全面贯彻党的二十大精神，紧扣公司高质量可持续发展总体要求，更好统筹发展和安全，更好统筹保供和转型，以"一体四翼"高质量发展全面推进具有中国特色国际领先的能源互联网企业建设，优质高效完成全年各项目标任务，向党和人民交出了一份优异答卷。

这一年，我们旗帜鲜明讲政治，坚持和加强党的全面领导，高质量开展主题教育，让党旗在一线高高飘扬；我们扛牢责任保供电，全力打赢迎峰度夏度冬攻坚战、筑牢抢险救灾光明防线、圆满完成重大活动保电，彰显"大国重器"的责任担当；我们奋发有为促转型，有力推进重大项目建设，加快构建新型电力系统，服务新型能源体系建设，为实现"双碳"目标贡献智慧和力量；我们锐意进取抓创新，深入实施创新驱动发展战略，着力打造原创技术策源地，加快实现高水平科技自立自强；我们提质增效谋发展，深入实施国有企业改革深化提升行动，积极服务共建"一带一路"，坚定不移做强做优做大国家电网。

这一年，我们始终胸怀"国之大者"，在服务大局中铸牢忠诚担当的政治品格；我们勇攀电力科技高峰，在攻坚克难中践行求实创新的行为准则；我们建设世界一流企业，在创新发展中坚定追求卓越的信念愿景；我们闻令而动冲锋在前，在战风斗雨中彰显奉献光明的使命价值……保供主战场、服务第一线、攻关最前沿，见证了一个又一个令人难忘的国网瞬间。无论白天还是黑夜，总有强劲的电流奔涌穿梭，为人们送去光明与温暖；无论城市还是乡村，总有国家电网人默默奉献，用心用情守护万家灯火。

征途如虹，浩荡前行。2024 年是中华人民共和国成立 75 周年，是实现"十四五"规划目标任务的关键一年。站在新的更高历史起点上，我们要坚持以习近平新时代中国特色社会主义思想为指导，全面贯彻党的二十大和二十届二中全会精神，落实中央经济工作会议精神，坚持稳中求进工作总基调，牢牢把握能源保障和安全这个须臾不可忽视的"国之大者"，牢牢把握科技创新、产业控制、安全支撑"三个作用"，牢牢把握高质量发展这个首要任务，以更加奋发有为的精神状态推进各项工作，不断提高企业核心竞争力、增强核心功能，加快形成新质生产力，在奋进中国式现代化新征程上不断实现新突破。

奋楫正当时，扬帆再出发。让我们更加紧密地团结在以习近平同志为核心的党中央周围，坚定信心、开拓奋进，大力弘扬电力精神和电网铁军精神，全面推进具有中国特色国际领先的能源互联网企业建设，为以中国式现代化全面推进强国建设、民族复兴伟业作出新的更大贡献！

公司概况

国家电网有限公司成立于2002年12月29日，是根据《中华人民共和国公司法》设立的中央直接管理的国有独资公司，注册资本8295亿元，以投资建设运营电网为核心业务，是关系国家能源安全和国民经济命脉的特大型国有重点骨干企业。

公司经营区域覆盖我国26个省（自治区、直辖市），供电人口超过11亿。公司建成特高压工程35项，专利拥有量持续位居央企第一，是全球技术水平最高、配置资源能力最强、并网装机规模最大、安全运行时间最长的交直流混联特大型电网。公司位列2023年《财富》世界500强第3位，连续19年获国务院国资委业绩考核A级，连续11年获得三大国际评级机构国家主权级信用评级，连续8年获得中国500最具价值品牌榜首，连续6年位居全球公用事业品牌50强榜首，是全球最大的公用事业企业。

国家电网公司司徽

国家电网公司司歌
《光明之路》
听歌请扫二维码

经营区域覆盖我国
26 个省
（自治区、直辖市）

供电人口超过
11 亿人

发展总投入
5912 亿元

营业收入
3.86 万亿元

售电量
5.8 万亿千瓦时

市场化交易电量
4.66 万亿千瓦时

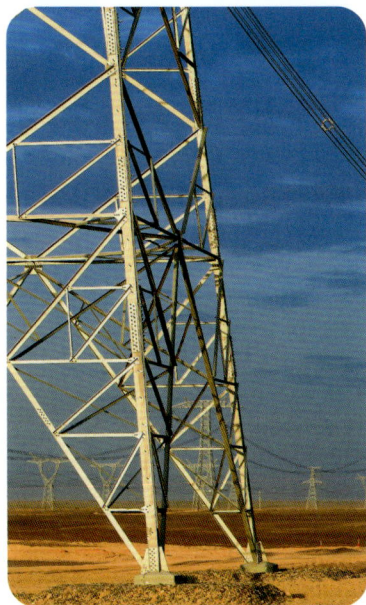

连续 19 年
获国务院国资委业绩考核
A 级

连续 **11** 年
获得三大国际评级机构
国家主权级信用评级

2023 年
全球品牌价值 500 强
第 **15** 名

连续 **8** 年
获得中国 500
最具价值品牌榜首

《财富》世界 500 强
第 **3** 位

连续 **3** 年
位列中国 500 强首位

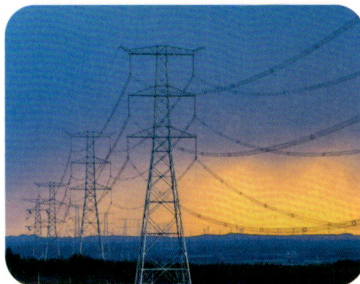

连续 **6** 年
位居全球公用事业品牌
50 强榜首

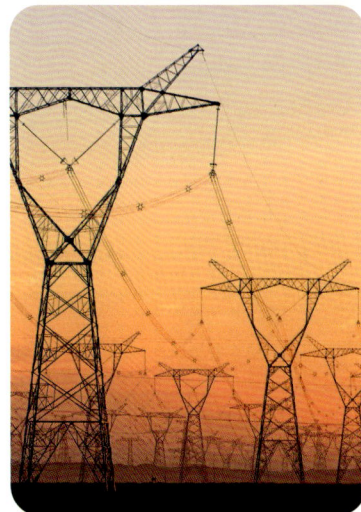

并网装机容量
23 亿千瓦

跨区跨省输电能力
3.27 亿千瓦

组织机构

中央纪委国家监委驻国家电网有限公司纪检监察组

总部部门及相关机构

党组办公室（办公室、董事会办公室）

政策研究室

发展策划部（碳资产管理办公室）

财务资产部

党组组织部（人事董事部）

人力资源部

党组党建部（思想政治工作部）

党组宣传部（对外联络部）

党组巡视工作办公室

安全监察部（应急管理部）

设备管理部

市场营销部（农电工作部、乡村振兴工作办公室）

国际合作部（"一带一路"工作办公室）

科技创新部（能源互联网办公室）

数字化工作部

基建部

产业发展部

物资管理部（招投标管理中心）

审计监管部

法律合规部

体制改革办公室

后勤保障部

离退休工作部

工会

国家电力调度控制中心

特高压事业部

抽水蓄能和新能源事业部

企业管理协会

北京电力交易中心有限公司

电网业务

分部	省公司		
国网华北分部	国网北京市电力公司	国网安徽省电力有限公司	国网内蒙古东部电力有限公司
国网华东分部	国网天津市电力公司	国网福建省电力有限公司	国网陕西省电力有限公司
国网华中分部	国网河北省电力有限公司	国网湖北省电力有限公司	国网甘肃省电力公司
国网东北分部	国网冀北电力有限公司	国网湖南省电力有限公司	国网青海省电力公司
国网西北分部	国网山西省电力公司	国网河南省电力公司	国网宁夏电力有限公司
国网西南分部	国网山东省电力公司	国网江西省电力有限公司	国网新疆电力有限公司
	国网上海市电力公司	国网辽宁省电力有限公司	国网四川省电力公司
	国网江苏省电力有限公司	国网吉林省电力有限公司	国网重庆市电力公司
	国网浙江省电力有限公司	国网黑龙江省电力有限公司	国网西藏电力有限公司

国际业务

国网国际发展有限公司	中国电力技术装备有限公司	全球能源互联网集团有限公司

支撑服务业务

中国电力科学研究院有限公司	国网电力空间技术有限公司	中共国家电网有限公司党校（国家电网有限公司领导科学研究院分公司）
南瑞集团有限公司（国网电力科学研究院有限公司）	国网中兴有限公司	国家电网有限公司高级培训中心
国网经济技术研究院有限公司	国网数字科技控股有限公司（国网雄安金融科技集团有限公司）	国家电网有限公司技术学院分公司
国网能源研究院有限公司	国网综合能源服务集团有限公司	国家电网有限公司社会保障管理中心（国家电网有限公司人力资源共享中心）
国网智能电网研究院有限公司（全球能源互联网研究院有限公司）	国网智慧车联网技术有限公司	
国网新源集团有限公司（国网新源控股有限公司）	国家电网有限公司信息通信分公司	北京智芯微电子科技有限公司
国网信息通信产业集团有限公司	国家电网有限公司特高压建设分公司	国家电网有限公司档案馆
英大传媒投资集团有限公司	国家电网有限公司直流技术中心	北京可再生能源发展结算服务有限公司
国网物资有限公司	国家电网有限公司客户服务中心	
	国家电网有限公司大数据中心	

金融业务

国网英大国际控股集团有限公司（国网英大股份有限公司）	英大泰和人寿保险股份有限公司	英大证券有限责任公司
中国电力财务有限公司	英大长安保险经纪有限公司	国网国际融资租赁有限公司
英大泰和财产保险股份有限公司	英大国际信托有限责任公司	国家电网海外投资有限公司

2023年部分履责荣誉和奖项

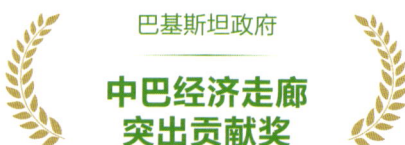

第十二届
"中华慈善奖"

第二届
全国技能大赛
金、银牌

第四届
中国工业互联网大赛
一等奖

第七届
全国密码技术竞赛
特等奖、一等奖

中国标准创新贡献奖
组织奖

CGMA 全球管理会计
年度最佳数字化
管理会计创新奖

巴基斯坦政府
中巴经济走廊
突出贡献奖

78 项成果获
第 **48** 届**国际质量管理金奖**

63 项成果获**电力科学技术奖**
85 项技术、标准类成果获**电力科技创新奖**

29 项成果获评
**全国企业管理现代化
创新成果**

10 项工程获
中国安装工程优质奖

34 项成果获
中国电工技术学会科技进步奖

18 项成果获
全国职工优秀技术创新奖

4 项成果获
国家级教学成果奖

10 项发明专利获
中国专利奖

3 项工程获得
中国建设工程鲁班奖

2 项工程获
国家优质工程金奖

1 个项目入选
**全国能源资源计量服务
十大示范项目**

13 个集体、**15** 名女职工获
**全国五一
巾帼标兵岗、巾帼标兵**

31 个集体获评
全国青年安全生产示范岗

10 个团组织、**5** 名职工获
全国**"两红两优"**表彰

3 家单位获
全国五一劳动奖状

25 名个人获
全国五一劳动奖章

26 个集体获
全国工人先锋号

1 个青年集体获第 **27** 届
中国青年五四奖章

24 个集体、**26** 名个人获
中央企业团工委表彰

20 个单位获第 **21** 届
全国青年文明号

6 家单位获评电力行业 2023 年
AAA 企业信用等级

7 名员工被授予
"全国技术能手"
称号

5 位专家获 **2023** 年度国际
电工委员会（IEC）1906 奖

7 支青年突击队获
共青团中央表彰

公司定位

企业宗旨

人民电业为人民

公司使命

**为美好生活充电
为美丽中国赋能**

这是老一辈革命家对电力事业提出的最崇高、最纯粹、最重要的指示，体现了国家电网发展的初心所在。牢记国家电网事业是党和人民的事业，始终坚持以人民为中心的发展思想，深入贯彻创新、协调、绿色、开放、共享的新发展理念，着力解决好发展不平衡不充分问题，全面履行政治责任、经济责任、社会责任，做好电力先行官，架起党群连心桥，切实做到一切为了人民、一切依靠人民、一切服务人民。

"两为"意味着公司存在与发展的根本目的在于服务人民、服务国家。
"两美"彰显公司在社会进步和生态文明建设中的作用价值。
"充电"与"赋能"展现公司作为电网企业彰显价值作用的方式，以及由此产生的能动作用。
自觉将企业改革发展融入党和国家工作大局，发挥电网企业特点和优势，在全面建设社会主义现代化国家、实现中华民族伟大复兴中国梦的历史进程中积极作为、奉献力量。

战略定位

**国民经济保障者
能源革命践行者
美好生活服务者**

国民经济保障者：深刻认识国有企业"六个力量"的历史定位，积极履行政治责任、经济责任、社会责任，为经济社会发展提供安全、可靠、清洁、经济、可持续的电力供应，在服务党和国家工作大局中当排头、作表率。

能源革命践行者：深入落实"四个革命、一个合作"能源安全新战略，充分发挥电网枢纽和平台作用，加快构建新型电力系统，在保障国家能源安全、推动能源转型和服务碳达峰、碳中和中发挥骨干作用，成为引领全球能源革命的先锋力量。

美好生活服务者：始终坚持以满足人民美好生活需要为己任，自觉践行党的根本宗旨，把群众观点、群众路线深深植根于思想中、具体落实到行动上。

企业精神

**努力超越
追求卓越**

始终保持强烈的事业心、责任感，向着国际领先水平持续奋进，敢为人先、勇当排头，不断超越过去、超越他人、超越自我，坚持不懈地向更高质量发展、向更高目标迈进，精益求精、臻于至善。

公司战略

建设具有中国特色国际领先的能源互联网企业

公司战略推进以习近平新时代中国特色社会主义思想为指导，以习近平总书记重要讲话和重要指示批示精神为根本遵循，把坚持高质量发展作为硬道理，落实国有资本"三个集中"，围绕增强核心功能、提高核心竞争力，更好发挥科技创新、产业控制、安全支撑作用，扎实做好做强做优做大、保供和转型、科技自立自强、深化改革、党的建设五篇大文章，加快构建新型电力系统，全面建设具有中国特色国际领先的能源互联网企业，持续推动经济实现质的有效提升和量的合理增长，以中国式现代化全面推进强国建设、民族复兴伟业。

牢牢把握新时代新征程国有企业的使命任务，坚定不移推动公司做强做优做大

- 围绕服务国家战略着力增强核心功能
- 围绕价值创造着力提高核心竞争力
- 围绕统筹发展和安全着力防范化解重大风险

牢牢把握能源保障和安全这个须臾不可忽视的"国之大者"，坚定不移推动能源生产和消费革命，加快建设新型电力系统

- 加快构建新型电力系统
- 打造数智化坚强电网
- 坚持系统观念，实现多目标平衡

牢牢把握高水平科技自立自强这个中国式现代化的战略支撑，坚定不移提升自主创新能力

- 强化核心技术攻关，加快发展新质生产力
- 发挥新型举国体制优势，提升产业链供应链韧性和控制力
- 深化完善科研管理机制，不断激发全要素活力

牢牢把握改革这个关键一招，坚定不移持续深化改革，以生产关系的调整完善更好促进生产力发展

- 坚决落实国企改革部署，更好体现公司战略功能价值
- 坚决落实电力改革要求，更好服务全国统一大市场建设
- 深入推进内部体制机制改革，更好增动能提效率

牢牢把握党对国有企业的领导这个重大政治原则，坚定不移全面从严治党，以高质量党建引领保障高质量发展

- 坚定拥护"两个确立"、坚决做到"两个维护"
- 着力增强党组织政治功能和组织功能
- 把严的基调、严的措施、严的氛围长期坚持下去

公司治理篇
GOVERNANCE

学习贯彻习近平新时代中国特色社会主义思想

旗帜领航　党建引领

风险管理

合规管理

深化改革

党风廉政建设与反腐败

学习贯彻习近平新时代中国特色社会主义思想

"五个一"工作机制

严格落实"第一议题"制度，持续深化"五个一"工作机制，推动习近平总书记重要讲话和重要指示批示精神在公司落地落实、见行见效

砥砺前行 "第一动力"	党组会议 "第一议题"	督察督办 "第一任务"	监督考核 "第一指标"	请示报告 "第一内容"

坚持学习打头、调研开路、实干开局主题教育取得明显成效

开展学习贯彻习近平新时代中国特色社会主义思想主题教育，坚持不懈用习近平新时代中国特色社会主义思想凝心铸魂，切实加强党的思想建设，牢牢把握主题教育的总要求和目标任务，统筹第一、第二批主题教育衔接联动，以学铸魂、以学增智、以学正风、以学促干。

公司党组分 3 次开展为期

7 天的读书班

公司党组理论学习中心组开展集体学习

10 次

各级党组织累计开展集中学习

56.2 万次

专题培训

41.6 万人次

深入基层开展调研

5.4 万次

转化运用成果

1.6 万项

学思想固根基

◆ 制定公司党组会议"第一议题"制度实施办法

◆ 围绕党的创新理论和总书记重要勉励重要指示精神开展大学习大宣贯,举办读书班、召开现场推进会、开展联学

强党性铸忠诚

◆ 举办党组理论学习中心组专题学习研讨,召开专题民主生活会

◆ 广大党员、干部加强党性分析,锤炼政治品格

重实践求实效

◆ 公司党组深入基层开展调研,聚焦重点难点问题,靶向施策打通堵点卡点

◆ 广大党员干部扑下身子、沉到一线,以深化调查研究推动解决发展难题

◆ 扎实开展"察实情、出实招""破难题、促发展""办实事、解民忧"专项行动

建新功创佳绩

◆ 教育引导广大党员、干部学思想、见行动,把主题教育激发的动力转化为推动公司高质量发展的实绩

◆ 公司主要指标持续向好,发展环境不断优化,各方面工作蒸蒸日上,在服务党和国家工作大局中的"顶梁柱"作用充分发挥

旗帜领航　党建引领

以高质量党建引领保障公司高质量发展

坚持党的领导、加强党的建设是国有企业的"根"和"魂"，是我国国有企业的光荣传统和独特优势。国家电网公司深入学习贯彻习近平总书记关于党的建设的重要思想，扛牢管党治党政治责任，以鲜明的政治态度坚持党的全面领导，以强烈的政治担当全面加强党的建设，奋力推动党建工作高质量发展，引领保障国家电网事业不断迈上新台阶。

深入实施"旗帜领航"党建工程

- 细化"旗帜领航"党建工程 45 项重点举措，以钉钉子精神把各项工作抓具体抓深入

- 织密建强基层组织体系，建立党的组织、优化组织设置，不断巩固扩大"两个覆盖"

- 加强基层党组织标准化建设，发布《党支部标准化建设系列丛书》，为基层党组织提供更加精准的实操指南

- 加强混合所有制企业党组织建设，制定实施全面加强省管产业单位党的建设 18 项举措

- 深化"党建 +"工程和共产党员服务队建设，激励党员勇当先锋

- 加强改进思想政治工作，提升统战群团工作质效，引导职工团结奋斗

党组织和党员概况

党组织	党员	党支部
4.8 万个	**59** 万余名	**4.4** 万个

共产党员服务队和队员概况

共产党员服务队	队员
4900 余支	**11** 万名

国家电网公司首个党性教育实践基地在福建水口电站揭牌成立。

在完善公司治理中加强党的领导

公司认真落实"两个一以贯之"要求，将党建工作要求写入公司章程，完善"双向进入、交叉任职"领导体制，明确"三重一大"事项决策权责清单、党组（党委）前置研究讨论事项清单，切实把加强党的领导贯穿到公司治理各环节，健全权责法定、权责透明、协调运转、有效制衡的公司治理机制。

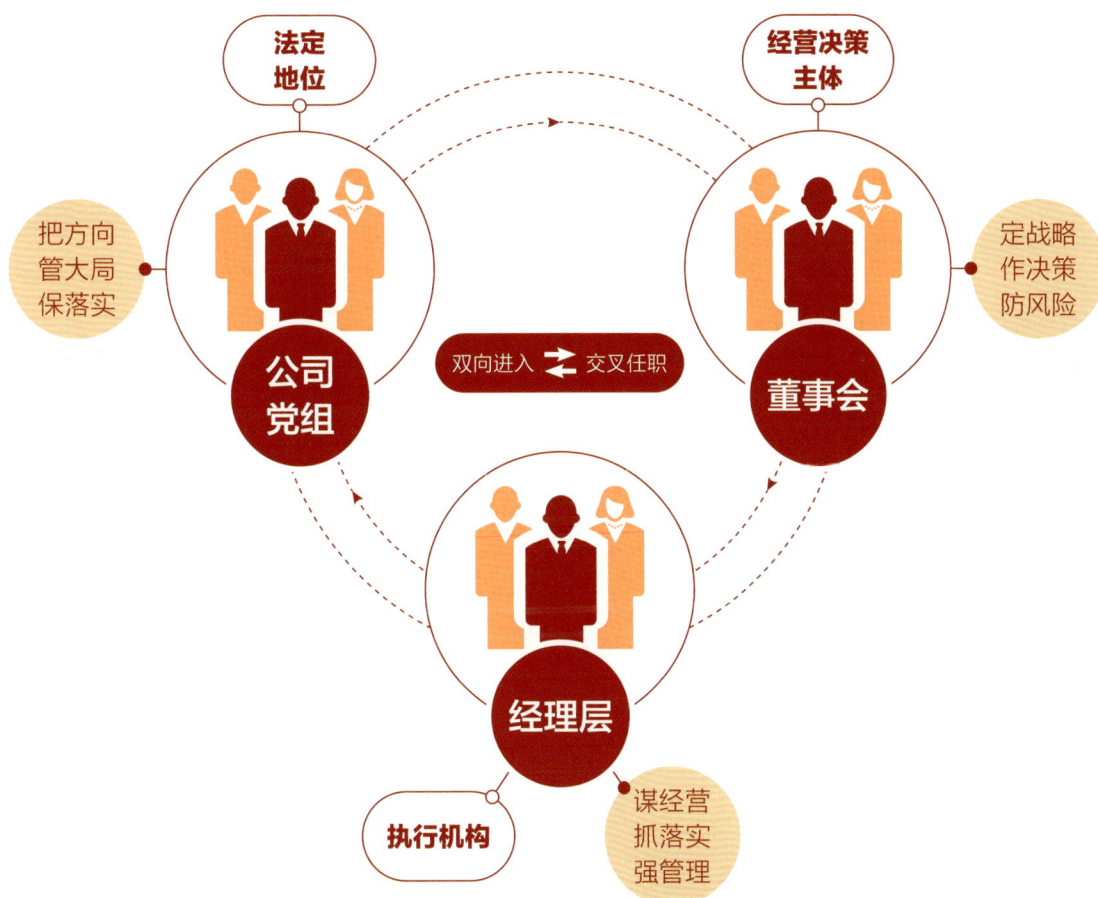

法定
地位

经营决策
主体

把方向
管大局
保落实

定战略
作决策
防风险

公司
党组

双向进入 ⇄ 交叉任职

董事会

经理层

执行机构

谋经营
抓落实
强管理

风险管理

国家电网公司全面落实公司董事会确定的不发生系统性重大风险、确保一般风险得到有效防控、确保问题隐患得到有效治理的工作要求，全面落实中央巡视和外部审计发现问题整改要求，全面落实国务院国资委关于生产安全、网络安全、内控体系监督和重大风险监测各项要求，提升风控执行能力、开展重点领域治理、筑牢重大风险底线。

聚焦提升风控执行能力

完善风控管理机制

- 推进相关子企业董事会审计与风险管理委员会设立

- 按照"各级单位设立全面风险管理委员会，具体负责本单位风控工作"相关要求，进一步梳理并补齐组织体系建设短板

治理屡查屡犯问题

- 针对性制定专项方案，明确责任、统一标准，建立整改长效机制

- 组织各单位以交叉互检等方式开展现场督导

- 推广成果应用

开展内控专项提升

- 提升招标采购规范性

- 推广应用新技术、新工具，拓宽线上渠道

深入开展重点领域治理

严控资金债务风险

- 开展资金安全现场自查和第三方评估机构资金安全测评

- 印发带息负债管控工作方案，严格年度和月度融资预算管理，加强现金流"按日排程"执行

规范关联交易业务

- 加强业务规范，加强事前审核

- 加强价格规范，确保交易价格公平、公允

- 严格执行招投标规范操作流程

培育专业文化队伍

- 发挥党建引领作用
- 加快"风控 + 业务 + 数字化"复合型人才培养
- 宣贯"守底线、创价值"风控文化理念，加强理论与实务相结合的风控专业培训

提升风控数字化水平

- 建立稽核规则更新迭代机制
- 打造嵌入式风控平台，将规范、统一的风控要点有效嵌入业务流程

杜绝虚假贸易活动

- 研究从各个环节规范购销类业务
- 加强合同审核
- 加强交易主体审核
- 加强数据挖掘分析，借助内外部风险信息加强虚假贸易的识别、预警和防控能力

落实民企清欠任务

- 做实做细民企款项常态化监管，推动应付账款管理平台开发应用
- 加强农民工工资专户使用和管理

合规管理

国家电网公司认真落实国务院国资委中央企业合规管理要求和公司部署，通过"合规管理提升年"、合规管理体系有效性评价、合规督导等工作，实现合规管理组织效能持续提升，制度体系更加健全，运行机制更加顺畅，重点领域合规管理不断增强，风险防控有力有效，合规文化更加浓厚，重点工作合规管理取得扎实成效。公司始终把合规管理体系建设作为一项重要工作来抓，将"推进依法治企"纳入"55686"总体要求，列为"六个坚定不移"之一，将"合规管理提升年"行动列为 2023 年重点工作，严格督办落实。

合规管理体系

合规管理组织体系

- 公司党组谋划合规管理发展方向和重大事项
- 董事会、经理层及合规委员会发挥督导推进作用
- 各级领导人员对合规管理提出明确要求

合规管理制度体系

- 以发展规划统领合规管理体系建设
- 以基本制度压紧压实各方合规职责
- 以专业制度推动合规与业务深度融合
- 以指引提升全员合规意识

合规管理运行机制

- 合规审查审核机制进一步健全
- 合规风险识别、评估、预警、防控机制有效运转
- 违规事件处置有力有效
- 合规管理协同协作机制逐渐形成

"三道防线"合规管理职责

- 各业务和职能部门严格落实合规管理主体责任
- 法律部认真履行合规管理牵头部门职责
- 纪检、巡视、审计等部门积极履行合规监督职责

董事会履行合规管理职责实现
**常态化
规范化**

公司党组会专题研究
法治合规工作
5 项

修编发布
16 册
《法治企业（合规管理）行为指引》

党组理论学习中心组
深入学习习近平法治思想
开展法治专题集体学习
3 次

制度制定、重大决策和
重要合同合规审查率
100%

合规委员会专题研究、统筹推进
"合规管理提升年"行动，部署
4 个方面
23 项合规重点任务

合规管理提升年重点任务

完善提升合规管理体系

- 全面宣贯落实《中央企业合规管理办法》
- 开展合规管理体系有效性评价
- 贯穿合规管理要求到基层一线
- 健全重点业务合规管理体系

优化提升合规管理运行机制

- 健全合规审查审核机制
- 健全优化合规管理协同机制
- 建立常态化合规督导机制
- 加速推进合规管理信息化建设

创新提升合规文化影响力

- 发挥"关键少数"合规引领力
- 强化全员合规意识
- 打造优秀的央企合规品牌

持续提升重点领域及业务合规管理水平

- 加强金融业务领域合规管理
- 加强国际业务领域合规管理
- 加强省管产业领域合规管理
- 加强建设领域合规管理

- 加强安全生产领域合规管理
- 加强生态环保领域合规管理
- 加强营销服务领域合规管理
- 加强劳动用工领域合规管理

- 加强新兴产业投资合规管理
- 聚焦数据保护合规问题
- 聚焦反垄断合规问题
- 聚焦利益输送等违规问题

新发监管处罚类违规事件同比下降
36.8%

开展"合规管理体系有效性评价"等
6项
合规专题调研

提示警示合规风险
560项

围绕合规管理
5大方面和
4个
重点领域开展全方位合规"体检"

选取首批
10家
二级单位围绕合规管理体系建设重点业务合规管理进行现场评价督导

开发
5大模块
47项功能的
合规管理信息系统

深化改革

国家电网公司高标站位，有效落实党中央、国务院有关部署，加强改革统筹，完善工作机制，持续巩固国企改革三年行动成果，深入实施国有企业改革深化提升行动，积极稳妥推进电力市场建设等重点任务，持续推动改革落地。

聚焦巩固提升

做深做实国有企业改革

- 三年行动"回头看"巩固成效
- 深化提升行动"抢开局"扎实有力
- 改革专项工程"争上游"取得突破

着眼长远发展

纵深推进电力体制改革

- 电力市场建设积极进展
- 输配电价体系有效运转
- 重点领域研究成果丰硕

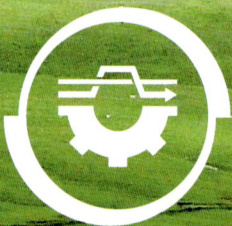

践行价值创造

加快建设世界一流企业

- 统筹推进分层分类实施
- 持续优化管理体制机制
- 全面推进示范创建工作

在国务院国资委
国企改革三年行动年度考核中
连续获评

A 级

连续两年获评国务院国资委
中央企业三项制度改革评估最高等级

一级

董事会蝉联中央企业优秀董事会
巩固并持续扩大落实董事会
"6项重点职权"试点成果
建立健全董事会评价指标体系
评选出优秀子企业董事会

16 家

国务院国资委 2022 年度
"双百企业""科改企业"专项考核中
公司参评单位均被评为"良好"及以上
标杆优秀率由

33% 增加到
73%

编制印发《公司国有企业改革深化提
升行动实施方案(2023 - 2025 年)》
工作台账及

6 个专项方案

扎实推进重点任务

163 个

市场主体持续增长，
公司经营区注册市场成员超

56.8 万个

优化指标设置，
形成公司层面对标世界一流企业
价值创造行动关键指标

19 项

党风廉政建设与反腐败

国家电网公司以严的基调、严的措施、严的氛围，坚持不懈抓好党风廉政建设，旗帜鲜明开展反腐败斗争，一刻不停推进全面从严治党，营造风清气正的政治生态，为公司高质量发展提供有力保障。

抓好中央巡视整改

- 公司党组接受中央巡视，严肃认领、照单全收反馈意见，成立巡视整改工作领导小组，以钉钉子精神推进 118 项整改措施落实落地

- 统筹中央巡视整改和主题教育整改整治，紧盯大电网安全、电力保供、能源革命、金融风险防控等重点问题，动真碰硬开展专项整治和专项行动，从严从实整改、分级分类销号

保持惩治腐败高压态势

- 坚持无禁区、全覆盖、零容忍，坚持有腐必反、有贪必肃，主动发现和严肃查处职务犯罪问题

- 加强对党员干部特别是"一把手"和领导班子的管理监督，实现二级单位选人用人检查全覆盖

- 开展违规违法获取工程项目、业扩报装领域突出问题专项整治，严肃查处靠企吃企、利益输送、设租寻租、跨境腐败等问题

- 深化以案示警、以案促改，召开公司总部警示教育大会，拍摄编制系列警示教育片和教育读本，筑牢拒腐防变思想防线

加强作风建设

- 坚持把中央八项规定作为长期有效的铁规矩、硬杠杠，印发《贯彻落实中央八项规定实施细则的实施办法》

- 深刻把握风腐同源、风腐一体特征，围绕享乐主义、奢靡之风问题，开展违规吃喝专项整治，有力遏制歪风积弊

- 深化整治形式主义、官僚主义突出问题，严厉纠治文山会海、过度留痕、"指尖上的形式主义"，为基层减负。持续加大惩治力度，全年查处"四风"问题 134 件

拧紧
"两个责任"
链条

- 强化主体责任落实监督考核，专题研究党风廉政建设和反腐败工作 35 次，制定实施 45 项年度重点任务

- 驻公司纪检监察组履行监督责任，正确处理"三个关系"，着力强化政治监督，运用 5 项监督机制、3 类问责情形，持续推动习近平总书记重要指示批示和党中央决策部署在公司系统落到实处

- 公司党组与驻公司纪检监察组加强沟通协调，坚持定期会商，形成"两个责任"同频共振良好格局

环境篇
ENVIRONMENTAL

全力保障电力供应

加快构建新型电力系统

统筹推进电网建设

积极推动能源转型

服务"双碳"目标

科技自立自强　创新驱动发展

关注气候变化　保护生态环境

保护生物多样性

全力保障电力供应

国家电网公司牢牢把握能源保障和安全这个须臾不可忽视的"国之大者"，坚持电力保供"3334"关键之要，提升电网资源配置能力、负荷精准管控能力、供电优质服务能力，以"时时放心不下"的责任感，落实落细迎峰度夏度冬措施，全力做好迎峰度夏度冬、防汛抢险、抗击寒潮、抗震救灾保供电和安全生产各项工作，坚决守牢大电网安全生命线和民生用电底线。

打赢迎峰度夏度冬保供电攻坚战

- 凝聚各方保供合力
- 保障电网安全稳定运行
- 深挖各类保供资源
- 促进全社会节约用能

超前谋划、研究出台迎峰度夏电力保供

20 项
工作要点

30 项
重点举措

6 个
区域电网

25 个
省级电网负荷

198 次
创新高

全网冬季最大负荷超过夏季，达到

10.86 亿千瓦
创历史新高

建成投运
113 项
迎峰度冬重点工程

建成投运
239 项
迎峰度夏重点工程

集中治理隐患
16.6 万项

筑牢抢险救灾
光明防线

- 发挥集团优势，组织抢险救灾
- 坚持人民至上，守护万家灯火
- 强化科技赋能，打造保供抢险硬核实力

向受灾省份优先投放资金
46.7亿元

快速高效调拨应急物资
8.31亿元

完成
954项
城市内涝治理

完成
177项
洪涝灾害隐患治理

汛前治理隐患
1.7万余项

完成
465处
高压电缆通道火灾隐患治理

完成
776项
变电站火灾隐患治理

完成
604项
森林草原火灾隐患治理

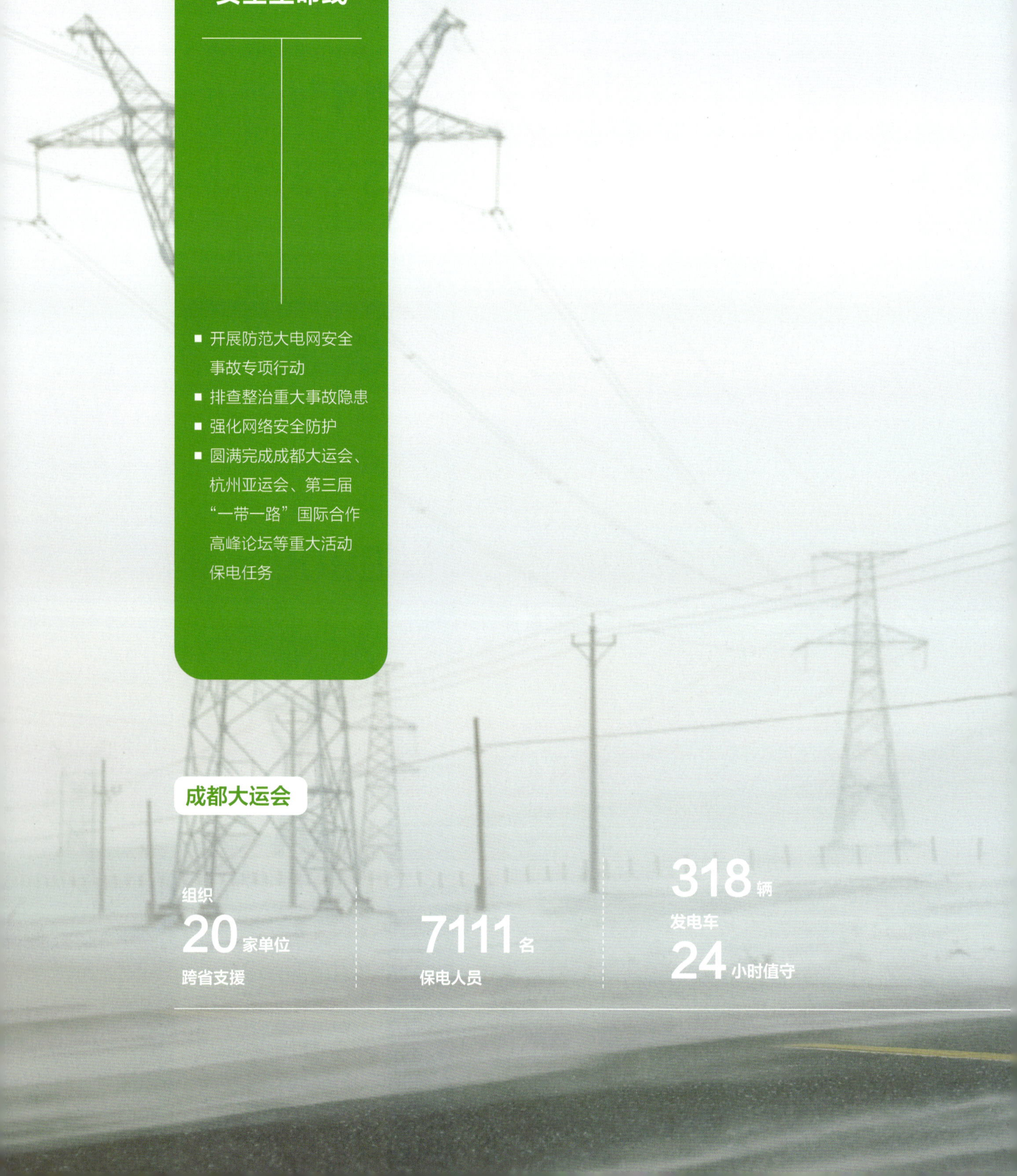

守牢大电网安全生命线

- 开展防范大电网安全事故专项行动
- 排查整治重大事故隐患
- 强化网络安全防护
- 圆满完成成都大运会、杭州亚运会、第三届"一带一路"国际合作高峰论坛等重大活动保电任务

成都大运会

组织

20 家单位

跨省支援

7111 名

保电人员

318 辆

发电车

24 小时值守

建成充电站
204 个

充电桩
1368 个

杭州亚运会

组织
16 家单位
跨省支援

投入出动保电人员
2.6 万余名

190 台
特种车辆驻守服务一线
协助消除各类隐患
5800 余项

第三届"一带一路"国际合作高峰论坛

高效运转三级指挥体系
调派保障人员
2.32 万余名
发电车
44 辆

可视化监控系统
24 小时
对重点区域开展轮巡监控

加快构建新型电力系统

实现碳达峰、碳中和，能源是主战场，电力是主力军，电网是排头兵。国家电网公司自觉肩负起责任使命，在构建以新能源为主体的新型电力系统中发挥主力军作用。公司提出，要立足我国能源资源禀赋，适应能耗双控逐步转向碳排放双控的新要求，坚持清洁低碳是方向、能源保供是基础、能源安全是关键、能源独立是根本、能源创新是动力、节能提效要助力，统筹发展与安全、统筹保供与转型，依托电力系统高质量发展推动能源高质量发展。

新型电力系统五大特征

清洁低碳

安全充裕

经济高效

供需协同

灵活智能

新型电力系统五大定位

融入中国式现代化建设，
满足人民美好生活需要

推动能源高质量发展，
解决行业发展难题

服务构建新发展格局，
加快构建现代化产业体系

保障国家能源安全，
提升能源自主供给能力

推进碳达峰、碳中和，
加快推动能源清洁低碳转型

新型电力系统五大内涵

电源构成向
**大规模可再生
能源发电为主**
转变

电网形态向
**多元双向混合
层次结构网络**
转变

负荷特性向
柔性、产消型
转变

技术基础向
**支撑机电、半
导体混合系统**
转变

运行特性向
**源网荷储
多元协同互动**
转变

统筹推进电网建设

规划前期进展顺利

- 库布齐—上海、攀西特高压等一批重点项目纳入国家"十四五"电力规划中期调整

- 陇东—山东、哈密—重庆等 4 项特高压直流工程获得核准并开工

- 大同—天津南交流、甘肃—浙江直流等 3 项特高压工程完成可行性研究

重点工程加快建设

- 白鹤滩—浙江、驻马店—武汉、福州—厦门等 6 项特高压工程及川藏铁路施工供电二期等一批重点工程建成投产，电网资源配置能力持续提升

- 开工青海哇让等 10 座、投产河南天池等 7 座抽水蓄能电站 17 台机组，装机规模创历史新高

- 张北柔性直流、苏通 GIL 综合管廊等 21 项工程获国家级优质工程奖

新型电力系统建设
扎实推进

- 滚动修编公司新型电力系统发展规划纲要和行动方案

- 全力做好"沙戈荒"大型风光电基地和分布式光伏接入

- 2023 年经营区域内新增风光新能源并网装机容量 2.26 亿千瓦，利用率保持 97% 以上

- 设立新型电力系统省级示范区（福建、浙江、青海）和地区级示范区（西藏藏中、新疆南疆、河北张家口）

- 深入推进新型电力系统示范工程建设，浙江 220 千伏柔性低频输电、江苏车网互动验证中心、天津电力"双碳"中心、湖北构网型储能电站等一批项目建成投运

- 健全电力负荷管理三级体系，深化电力负荷管理系统建设应用，持续提升源网荷储互动能力

数字化转型提速加力

全面推进
数字化转型
重点任务

数字化赋能
基层减负提效

深化核心系统
建设应用

公司始终将
数字化思维融入
核心业务和全局工作当中
推进数字化转型
全力以赴推动电网向
能源互联网升级

规模化应用
人工智能等
数字技术

数字化赋能
新型电力系统
建设

保障网络安全与
系统运行
平稳可靠

优化数字化
专业管理

释放数据管理与
数据应用价值

规划建设
智慧提升
工程

智慧
配电网
建设工程

设备管理
智慧提升
工程

数字化支撑
保障体系
强化工程

数字化转型

数字基础
设施优化
提升工程

源网荷储
互动工程

客户服务
智慧提升
工程

"十大工程"

企业经营
智慧提升
工程

基础数据
底座构建及
治理工程

企业中台
能力提升
工程

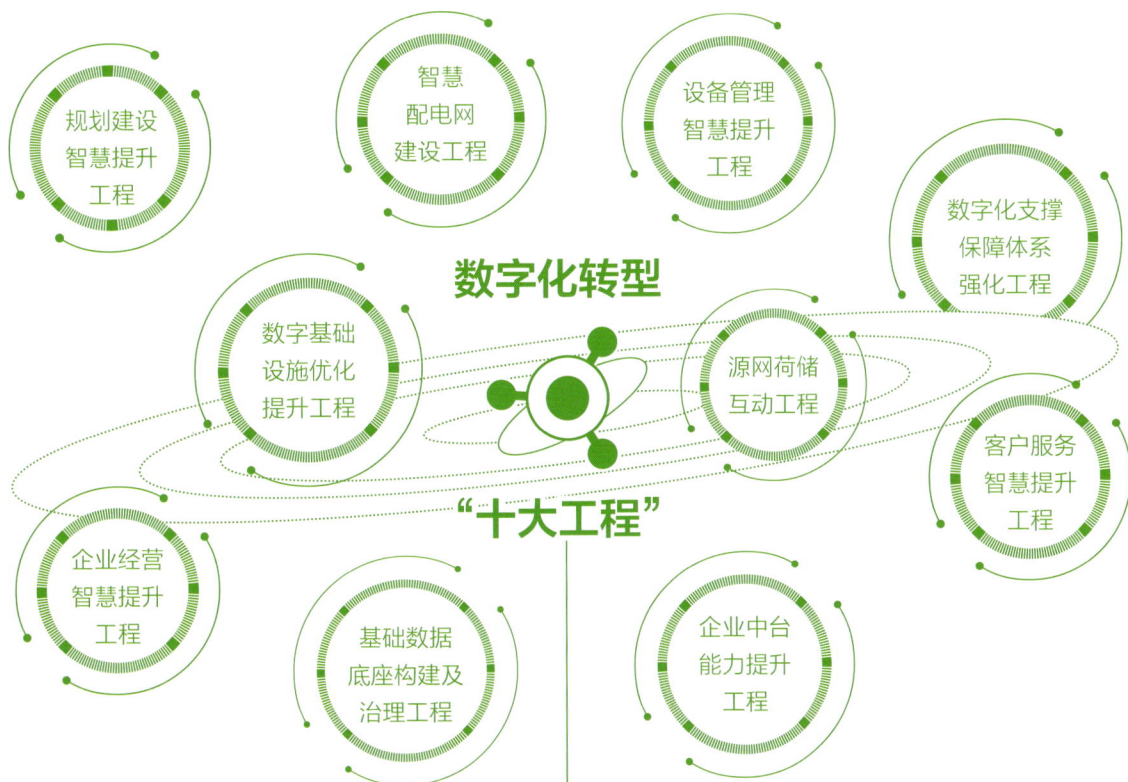

- 实施数字化转型"十大工程"

- 全面建成静态"电网一张图",基本建成动态"电网一张图"

- 推进数智化赋能专业管理和基层作业

- 全国碳排放监测分析服务平台、国家充电设施监测服务平台、企业级气象数据服务中心等上线运行

- 持续深化能源大数据中心建设应用

- 推进人工智能规模化应用,开展输电无人机智能巡检等专项攻坚

- 试点实现设备全过程数据贯通,启动数字化配电网示范区建设

- 创新开展电力看经济、看"双碳"、看环保,持续释放数据价值

- 智慧财务共享平台、国网绿链、PMS 3.0 系统、营销 2.0 系统、e 基建 2.0 系统等加速落地,人工智能、电力北斗等初步实现规模化应用

- 打造智能电网数字孪生体

- 加快推进现代智慧配电网、数字化配电网和源网荷储互动示范

积极推动能源转型

能源是经济发展的基石和现代社会的血液，电网是能源转换利用、优化配置和供需对接的重要平台。国家电网公司作为关系国家能源安全和国民经济命脉的特大型国有重点骨干企业，立足电网功能定位，提出并坚持清洁低碳是方向、能源保供是基础、能源安全是关键、能源独立是根本、能源创新是动力、节能提效要助力的原则要求，发挥好电网"桥梁"和"纽带"作用，积极推动能源绿色低碳转型，为全球能源绿色低碳转型贡献智慧和力量。

能源转型五大方向

推动能源配置广域化

创新电网

发展方式

推动能源生产清洁化

提升新能源开发

利用水平

推动能源消费电气化

倡导绿色生产

生活方式

推动能源创新融合化

打造原创技术

策源地

推动能源业态数智化

提高电力系统

灵活性

国家电网公司在能源绿色低碳转型中的角色与使命

推动者

先行者

引领者

促进技术创新、政策创新、机制创新、模式创新，引导绿色低碳生产生活方式，推动全社会尽快实现"碳中和"

系统梳理输配电各环节、生产办公全领域节能减排清单，深入挖掘节能减排潜力，实现企业碳排放率先达峰

充分发挥电网"桥梁"和"纽带"作用，带动产业链、供应链上下游，加快能源生产清洁化、能源消费电气化、能源利用高效化，推进能源电力行业尽早以较低峰值达峰

能源绿色低碳转型重点任务

完善核心骨干网架	扛起电力保供责任	服务"双碳"目标落地
服务新能源高质量发展	推动电能替代	打造现代综合能源系统
倡导社会节约集约用能	攻克电网科技难题	推进产学研用融合
深化国际交流合作	构建大数据应用业务及技术体系	提高电力系统气候弹性安全韧性调节柔性

建成投运"五交一直"特高压输电工程，累计建成"十九交十六直"35 项特高压工程，在运、在建特高压工程线路长度达 5.6 万千米。

投运新能源送出工程

73项

新增新能源并网装机容量超过

2.2亿千瓦

新能源利用率

97.4%

同比提升

0.1%

累计接入新能源场站超过

500万座

省间新能源交易电量

1727亿千瓦时

同比提升

18.6%

智慧车联网平台累计接入可启停
充电桩超过

51万个

注册用户超

2500万户

新能源云平台累计接入风光场站
超过

530万座

入驻企业

1.6万余家

新投产抽水蓄能机组

17台

抽水蓄能新增装机容量

515万千瓦

在运抽水蓄能装机规模突破

3321万千瓦

服务"双碳"目标

公司碳排放率先达峰

- 科学制定公司碳达峰路径
- 组织编制公司碳管理规划
- 强化重点领域节能降碳
- 创建公司能源管理体系

服务全社会碳达峰

- 确定新型电力系统建设重点任务
- 加快建设清洁能源优化配置平台
- 持续提升服务新能源发展水平
- 加大绿色低碳科技创新力度

"双碳"贡献力完成

17.6 亿吨

同比增长

5.5%

参与"e 起节电"活动居民

3600 万户

累计节电

22 亿千瓦时

绿电交易超过

610 亿千瓦时

绿证交易超过

2300 万张

投资在运在建抽水蓄能电站

68 座

装机容量超过

8500 万千瓦

协助政府完成新增"煤改电"改造任务

82 万余户

首次实现 56 家亚运竞赛场馆

100%

绿电供应

开展现场能效诊断工作，服务公共机构

2 万余户

工业企业

9000 余户

提供节能建议

17 万条

公司作为并列第一大股东投资的
上海环境能源交易所
碳排放配额成交量

2.1 亿吨

成交额

144 亿元

促请政府主管部门出台节约用电支持政策

公司在北京市重点用能单位节能目标
责任考核中获得"优秀"

科技自立自强　创新驱动发展

国家电网公司瞄准国家重大战略需求，不断激发创新创造活力，以高水平科技自立自强为目标，着力打造原创技术策源地，凝聚科技创新强大合力，完善科技创新体系，攻克一批关键核心技术，走出一条具有中国特色的电网创新发展之路。

打造原创技术策源地

- 完善升级顶层设计
- 突破关键技术研发
- 推动科研平台建设
- 加大基础研究投入

提升科技创新体系效能

- 创新总部科技项目管控方式
- 提升知识产权运营和成果转化水平
- 增强技术标准支撑能力

培育高水平科技人才

- 加强科技人才队伍建设
- 建立重点领域科技人才储备
- 完善科研人员激励、考核机制
- 形成良好科研氛围

国产化大型电力系统电磁暂态仿真技术及平台入选 2023 年度**央企十大国之重器**

- 实施新型电力系统科技攻关行动计划，发挥创新主体作用
- 加快紧迫性、基础性、前沿性、颠覆性技术攻关
- 实施高端人才引领、电力工匠塑造、青年人才托举"三大工程"
- 滚动修编"十四五"科技规划、能源互联网技术研究框架，完善"十四五"中长期攻关布局

- 实施"特高压直流送受端高比例新能源暂态支撑关键技术研究"等10项新型电力系统科技攻关行动计划
- 开建国家级海上风电研究与试验检测基地
- 探索实施总部重大科技攻关"任务集"，试点建立关键技术方向"项目集"，推动管理模式由单一项目管理向整体技术管控转变

- 开展知识产权分级分类管理，规范公司专利价值评价和专利运用、处置审批流程
- 推动成立国际电工委员会可持续电气化交通系统委员会（IEC/SyC SET）并承担秘书处工作
- 建设国家级重大标准化试点示范项目——雄安新区能源互联网标准化试点

制定出台加快推进高水平科技自立自强措施 **21**项

6个 实验室纳入新的全国重点实验室序列

获中国电力科学技术奖一等奖 **10**项

新牵头立项国际标准 **60**项 发布 **21**项

新增国家能源研发创新平台 **1**个 赛马平台 **6**个

6个国家项目 通过综合绩效评价 获批立项国家重点研发项目 **11**个

新型电力系统技术创新联盟成员扩充至 **62**家

获授权专利 **8521**项 发明专利占比 **68.1%**

研发经费超 **378.8**亿元 投入强度达到 **1.05%**

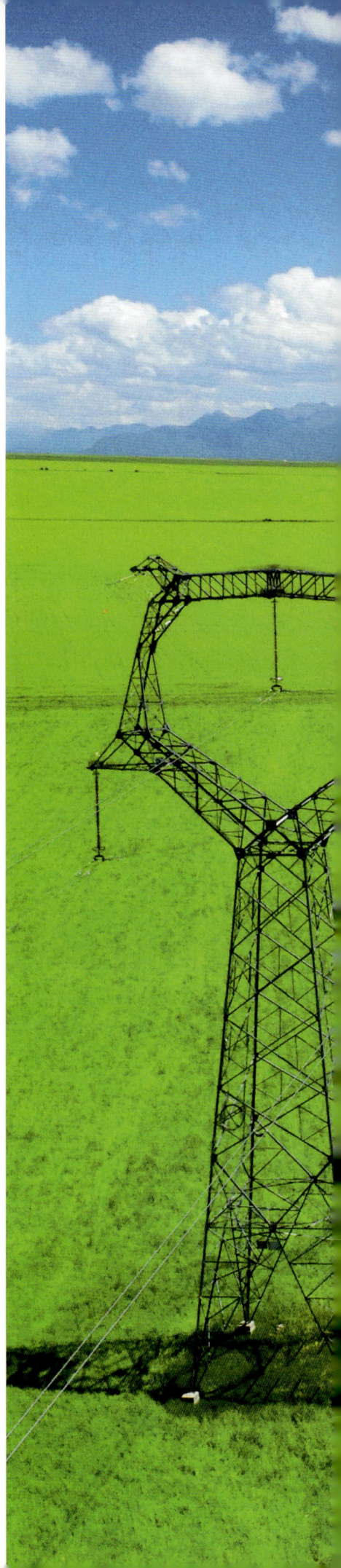

关注气候变化　保护生态环境

国家电网公司践行习近平生态文明思想，贯彻新发展理念，全力做好关注气候变化、生态环境保护各项工作，持续深化环保管理体系建设和全过程精准管控，全面提升环保管理工作质效，助力电网绿色发展，为应对气候变化贡献智慧和力量。

落实责任

- 成立生态环境保护工作领导小组

- 落实生态环保"党政同责、一岗双责"

- 加强组织领导，逐级拧紧责任链条，做到人员到位、措施到位、责任到位

系统推进

- 加强环保管理体系建设，进一步健全环保工作长效机制

- 强化电网建设项目环保管控、环保技术监督和环境治理力度

- 保障资金、技术等要素投入，多措并举、综合施策，全力确保"四个不发生"

跟踪问效

- 坚持问题导向、目标导向、结果导向，抓好生态环保依法合规专项督查问题整改

- 建立健全环保常态化评估机制，将环保要求落实等情况纳入党组巡视、审计等范畴

- 加大考核评价力度，确保环保成效

持续完善环保制度规范
和企业标准

新开工 110 千伏及以上
电网建设项目环评率保持
100%

印发环境保护相关企业标准
13项

六氟化硫气体回收
439吨
回收率
97%

220 千伏及以下新建
变电站全面应用六氟
化硫 / 氮气混合气体

改造高耗能变压器
3.6万个

积极应用新技术，减少
电网建设对环境的影响

完成
1000个
间隔 GIS 设备混合
气体改造

完成变电站（换流站）
噪声监测及外排废水
监测

增量设备
100%
应用环保型配电开关设备

开展长江、黄河流域生态
环境保护专项整治行动

助力设备绿色升级累计投资
91.5亿元

保护生物多样性

国家电网公司长期致力于建设环境友好的绿色电网，落实"提升生态系统多样性、稳定性、持续性"相关要求，将生物多样性保护融入电网建设运维各环节，避免业务运营对生物栖息地的扰动，为物种多样性、基因多样性创造良好条件，探索电网与不同生态系统的和谐共生之路，服务美丽中国建设。

保护重点生态功能区

- 维护和恢复长江流域生物多样性
- 柔性施工,守护西北地区生态屏障

守护自然保护地

- 融入国家公园建设,打造人与自然和谐共生的绿色电网
- 建立电网建设与自然共生长效机制,维护自然保护区生态平衡
- 生态优先,服务湿地自然公园建设

实施生物多样性保护工程

- "候鸟生命线"共筑候鸟迁徙保护网络
- "绿电方舟"守护神奇生物
- 技术赋能,用科技保护生物多样性
- 拦截松材线虫,防止外来物种入侵

开展林草植被恢复行动

- 绿色电网工程,厚植美丽中国亮丽底色
- 建设荒漠"绿色走廊"
- 开展义务植树,守护绿水青山

推动生态系统休养生息

- 构筑"生命鸟巢",助推草原生态系统平衡
- 绿色基建,兼顾电网运营与森林生态系统保护
- 探索湿地与电网建设协同发展模式

探索生态产品价值实现路径

- 开展增殖放流活动,维护水生生物多样性
- 打造蓝色生态岛,建设运维海岛微电网

凝聚生物多样性保护合力

- 广泛开展生物多样性传播及科普活动

"候鸟生命线"项目

国网"候鸟生命线"项目覆盖我国 19 个省份、多条候鸟迁徙路线，累计调研候鸟迁徙路线超过 4500 千米；组织或支持各地森林公安、公益组织和志愿团体开展联合巡护活动近 1000 次，救助国家各级保护鸟类超过 14000 只。

"生命鸟巢"项目

国网"生命鸟巢"项目在 6 省高原草原地区输电线路沿线架设人工鸟巢，开展近 3600 千米实地调研和 3109 份问卷调查。自 2016 年开展以来，累计安装人工鸟窝 5207 个、招鹰架 16 个，成功引鸟筑巢 2400 余窝，孵化幼鸟近 4000 只。

"绿电方舟"项目

国网"绿电方舟"项目在 6 个极危物种保护地捐建微电网和储能设施，保护中华凤头燕鸥、百山祖冷杉等濒危物种及生物多样性，协助建成 3 处冷杉野化育种科研基地，参与设计 8 类珍稀动物和 31 类珍稀植物的保护方案，成功助力孵化中华凤头燕鸥 179 只，有效保护我国多处珍稀物种栖息地的生态环境。

盐城湿地保护项目

新增迁出各等级电力杆塔 1959 基，各类电力线路长度约 13 千米，入地改造 17 千米，配合保障了 147 户养殖户异地安置，近 1.8 万亩湿地得到保护性修复。

泰州景区生态系统保护项目

截至 2023 年底，共制作并安置人工鸟巢基座 300 座，164 座成功筑巢。

荣成大天鹅栖息地保护项目

通过采用对周边生物多样性影响较小的合理电网布局，在大天鹅频繁活动区域设立爱鸟护线点，迁改候鸟迁徙路线上电力杆塔 54 基。大天鹅数量由 2004 年 3000 余只增加到 2023 年底 10000 只以上。

环保生态数据平台建设项目

截至 **2023** 年底，已拥有 **5** 个自然保护区、**53** 处水源地保护、**12** 个风景名胜区、**998** 处文物古迹的数据资料，建立关中地区遥感影像数据库图像 **1448** 幅，**110** 千伏及以上输变电工程数据库覆盖约 **200** 条输电线路。

"电沙成金"项目

共完成光伏治沙 **3.07** 万亩，采用"草方格＋人工造林"和"草方格＋草种撒播"等方式进行了植被恢复，共撒播沙米、沙蒿、沙打旺、细茎冰草等草种 **61.4** 吨，植被覆盖度达 **70%** 以上。

百草行动

培育出 **12** 种适合在沙地生长且不易燃烧的植物，种植存活率 **80%** 以上。累计绿化 **1480** 条输电线路走廊，播撒草籽 **660** 千克，扎制草方格 **668** 亩，已有约 **300** 万平方米沙区线路走廊变成固定沙丘。

神农架森林生态保护项目

在项目运维过程中，一方面确保不对当地环境造成影响，维护稳定的气候条件，另一方面致力于保护林区动植物，促进生物多样性保护与电网运行和谐共存。累计移栽树木 **158** 棵，复植面积 **9176.9** 平方米。

维护水生生物多样性项目

自 **2016** 年西藏老虎嘴水电站鱼类增殖站投运以来，已连续开展 **7** 次鱼类增殖放流活动，累计放流鱼苗 **31.75** 万余尾。
在上海崇明区长兴横沙渔港增殖放流胭脂鱼、中华绒螯蟹、双齿围沙蚕近 **100** 万尾。

打造蓝色生态岛

山东烟台长岛海洋生态文明综合试验区全域电能替代占比达到全社会用电量的 **38%**，增加栽种龙柏、侧柏和金叶榆等植物 **8.4** 万余株，恢复自然生态 **50000** 余平方米。
山东长岛"蓝色粮仓"海洋经济开发区通过施工废料再利用，打造海底森林、人工鱼礁等方式，修复长度 **16.6** 千米的海底电缆周边的海洋生态环境，恢复拆除风电机组植被覆盖面积约 **3200** 平方米。

社会篇
SOCIAL

服务国家重大战略

服务区域发展

服务乡村振兴

服务保障民生

服务高质量共建"一带一路"

优化营商环境

关心员工发展

伙伴合作与行业引领

打造绿色现代数智供应链

公益慈善

服务国家重大战略

增强核心功能是中央企业担负新使命新任务的必然要求，国家战略所需即为企业发展所向。国家电网公司着力增强核心功能，体现国家意志、服务国家战略，更好实现政治属性、经济属性、社会属性的有机统一，切实担负起大国重器、强国基石的使命功能。

切实扛起保障电力安全的责任

统筹发展和安全，统筹保供和转型，带头做好能源保供稳价工作，多措并举提升电力供给保障能力，以电力安全保障维护国家安全。

城网供电可靠率
99.977%

同比上升
▲ **0.004** 个百分点

农网供电可靠率
99.901%

同比上升
▲ **0.022** 个百分点

综合电压合格率
99.861%

同比上升
▲ **0.002** 个百分点

特高压直流通道平均利用小时数
4031 小时

同比上升
▲ **45** 小时

用户平均停电时间
7.77 小时／户

同比下降
▼ **1.33** 小时／户

积极助力现代化产业体系建设

适应行业产业发展新趋势新要求，加快传统产业改造升级，发展壮大战略性新兴产业和未来产业，以新产业新业态新模式打造新引擎、培育新动能，切实发挥公司在推进新型工业化、加快形成新质生产力中的引领作用。

战略性新兴产业资产总额
2723 亿元

战略性新兴产业营业收入
1121.3 亿元

更好发挥国有经济战略支撑作用

积极对接区域协调发展、乡村振兴、高质量共建"一带一路"等国家战略，忠诚履职尽责，在党和国家需要的关键时刻拉得出、顶得上、打得赢，成为支撑我们党有力应对风险挑战、实现战略目标任务的中流砥柱。

对口支援新疆、西藏

印发公司 2023 年援疆援藏 230 项重点任务

制定公司以更大力度服务新疆高质量发展十项举措

服务区域发展

实施区域协调发展战略，是关乎我国经济发展全局的重要战略举措，是贯彻新发展理念、建设现代化经济体系的重要组成部分。国家电网公司在服务区域协调发展中加强电网建设、丰富服务内容，助力打通经济社会发展"经络"，推动构建新发展格局。

张北—雄安 1000 千伏特高压交流工程

<<< 服务京津冀协同发展

推进长三角一体化发展 >>>

白鹤滩—江苏 ±800 千伏特高压直流工程

丰满水电站全面治理（重建）工程

<<< 推动东北全面振兴

推动长江经济带发展 >>>

长江流域港口岸电

川渝 1000 千伏特高压交流工程

>>> 助力成渝地区双城经济圈建设

国网甘肃刘家峡水电厂

推动黄河流域
生态保护和高质量发展 >>>

驻马店—南阳 1000 千伏特高压交流工程

<<< 推动中部地区崛起

推进西部大开发 >>>

青海海西多能互补集成优化示范工程

东西南北中纵横联动，
区域协调发展整体效能稳步提升

在京津冀、长三角、长江经济带、成渝双城等地区，电网互联互通，服务跨省通办，服务区域重大战略实施。

在西部大开发、振兴东北地区等老工业基地、促进中部地区崛起等进程中，电力安全可靠供应，能源转型蹄疾步稳，助推区域协调发展深入推进。

推动成渝地区
双城经济圈建设

1000 千伏川渝特高压交流工程建设正酣。该工程是推动成渝地区双城经济圈建设的重大工程，建成后既可满足电力送出需要，也可承接来自西北等地的电能，为西南地区构建更加坚强的骨干网架打下基础，更好地服务当地经济社会发展。

在建特高压工程为
区域协调发展提供新动能

±800 千伏金上—湖北特高压直流工程
±800 千伏哈密—重庆特高压直流工程
±800 千伏陇东—山东特高压直流工程
±800 千伏宁夏—湖南特高压直流工程
1000 千伏张北—胜利特高压交流工程
1000 千伏武汉—南昌特高压交流工程

东北地区加快发展风电、光电、核电等清洁能源，建设风光火核储一体化能源基地

2023 年 12 月 15 日零时，东北地区规模最大的抽水蓄能电站——国网新源辽宁清原抽水蓄能电站首台机组正式投产发电。该工程是振兴东北重点工程、国家"十三五"重点大型能源项目，将有力提高东北地区风电、光伏发电消纳水平。

骨干网架联通区域，配电网末端融合

长三角地区，上海、浙江、江苏交界处的电网曾经相近却不相连。2023 年 6 月，浙江嘉善县、上海青浦区及金山区、江苏苏州吴江区三地配电网实现跨省域互联互通。

在长江经济带大力部署绿色岸电工程

2023 年，长江经济带船舶岸电使用量 1.2 亿千瓦时，同比增长 64%，提前 2 年实现"十四五"用电量超亿千瓦时目标。

服务乡村振兴

助力
人才振兴

助力
文化振兴

助力
生态振兴

助力
产业振兴

助力
组织振兴

全力支持
乡村五个振兴

2023 年，国网上海市电力公司嘉定供电公司大力推进农村地区充电设施建设，积极在村两委以及乡村振兴重点项目附近布设公共充电桩，助力农村绿色发展。

服务乡村可再生能源和电气化发展

- 以农业电气化服务农业现代化
- 加快电网延伸，提升电网容量
- 积极服务整县光伏试点

竣工投产农网巩固提升工程、城网更新改造工程

11.8 万项

惠及农村低压用户

2.7 亿户

支撑农村清洁能源消纳累计转付光伏扶贫项目中央财政补贴资金

92 亿元

充分发挥乡镇供电所综合协调机制作用，解决一线反映问题

4 万余个

问题解决率达到

97%

发挥供电所保障作用

- 印发进一步加强乡镇供电所基础管理的实施意见
- 开展乡镇供电所管理综合协调运转成效问卷调查
- 建立隐患治理长效机制
- 开展服务"三农"专题研究

加强农村地区供电保障和优质服务

- 因地制宜做好重要农时农业生产供电服务保障
- 加强农田机井供电设施建设管护
- 构建"村网共建"电力便民服务体系，打造乡村供电服务与政务服务共建共治共享典型示范

536 个

电力便民服务点被评为"村网共建"电力便民服务示范点

公司连续六年在中央单位定点帮扶考评中

评价为 **"好"**

16 家省公司在地方乡村振兴考核中

全部评价为 **"好"**

稳步推进定点帮扶

- 向 1603 个村投入帮扶资金 1.16 亿元，实施帮扶项目 632 项，公司助力乡村振兴工作得到国务院国资委等相关部委、社会各界充分认可
- 承办"国资央企兴农周""消费帮扶聚力行动"等活动，完成消费帮扶 7.99 亿元

服务保障民生

确保地震灾区居民安置点用电需求，让每一顶帐篷都亮起灯、用上电。

应对极端强降雨引发的洪涝灾害，紧急调配直升机等空天综合力量开展防汛救灾跨省应急支援。

追求卓越　奉献光明

忠诚担当 求实创新

多措并举保夏粮、争分夺秒抢收小麦，无人机照亮麦子"保卫战"。

特别负责任 特别能战斗
特别能吃苦 特别能奉献

应对雨雪冰冻天气，及时排查安全隐患，加强融雪除冰，全力保障电网安全运行和电力可靠供应。

服务高质量共建"一带一路"

国家电网公司积极落实人类命运共同体理念，坚持共商、共建、共享和互利共赢原则，突出服务大局、突出效益贡献、突出风险防范、突出规范运营，打造"一带一路"建设央企标杆，通过投资、建设、运营一体化，带动技术、标准、装备一体化"走出去"，服务高质量共建"一带一路"。

在全球
45 个
国家开展国际业务

投资和参与运营
10 个
国家和地区
13 个
能源网项目

累计工程承包和装备
出口合同额超过
500 亿美元

国际业务利润
15 年
实现稳步增长

发挥核心技术优势，带动全产业链"走出去"

开拓国际市场，推进重大项目落地落实

秉持共商共建共享原则，实现互利互惠合作共赢

履行企业社会责任，用心用情促进民心相通

印尼
印尼高级智能计量系统项目完成 30 万只电能表安装上线

巴西
成功中标巴西东北部新能源送出 ±800 千伏特高压直流输电项目

签约项目

巴西

巴西美丽山 ±800 千伏特高压直流输电二期项目

埃及

埃及 EETC 500 千伏国家主干网升级改造输电工程

巴基斯坦

巴基斯坦默蒂亚里一拉合尔 ±660 千伏直流输电工程

公司荣获阿曼第十届皇家商业奖"最佳商业奖"。

巴西美丽山二期项目获"巴西标杆管理活动"授予的"巴西社会环境管理最佳实践奖"。

巴基斯坦默拉直流荣获"中巴经济走廊突出贡献奖"。

国家电网巴西苦咸水淡化公益项目获评第四届"全球减贫案例征集活动"最佳减贫案例。

优化营商环境

国家电网公司从企业实际需求出发，聚焦惠企利民，多措并举提升供电服务品质，千方百计降低企业用能成本，助力企业爬坡过坎、蓄势发展，不断激发市场主体活力，持续优化电力营商环境。

打造业扩新模式
推进投资延伸政策落地

- 打造超前主动的"服务链"
- 打造高效协同的"工程链"
- 打造合规灵活的"资金链"

延伸投资政策累计覆盖
23 个省
264 个地市
1882 个区县

深化供电服务
"一件事一次办"

- "过户 + 改类"等 6 类供电业务实现"一次办"
- 公共事务推行"不动产 + 电力"联动过户
- "跨省通办"重大业扩项目、集团用户业务

112 地市
推广"水电气讯"联办服务
26 省
实现"房产 + 电力"线上联动过户

巩固提升
"三零""三省"服务

- 城乡"三零"服务常态执行
- 超前对接用户需求，实现就近就便接入

累计服务
153 万户
小微企业零成本接电
节省用户投资
497 亿元

线上办电提效率、增便捷

- 完成"网上国网"App 改版升级,持续扩大"刷脸办电""一证办电"业务范围

- 95598 智能客服在 95598 热线、"网上国网"App、95598 网站、"网上国网 95598"微信公众号等多渠道上线

- 数字化平台服务企业精准预测电量、降低用电成本,服务工商业用户直接参与电力市场交易

95598 智能客服量超
2.6 亿次

"电量精算师"应用已累计为浙江市场化客户提供服务
3.7 万余次

直接参与市场交易工商业用户新增
42 万余户

关心员工发展

国家电网公司以人为本，把员工发展摆在突出重要位置，坚持高位推动，注重改革创新，深化激励赋能，着力开创人才辈出、各走其道、各尽其能、各展风采的新局面，实现员工发展与公司中心工作的同频共振、共同发展。

优化员工发展顶层设计

- 实施人才强企战略
- 制定公司"十四五"人力资源规划
- 出台加快人才高质量发展意见
- 出台加强新时代技能人才队伍建设意见
- 畅通职业发展通道

激发员工动力活力

- 持续深化全员绩效管理
- 创新实施科技型企业岗位分红、项目分红等中长期激励
- 专项奖励急难险重任务中表现突出的单位和集体

搭建平台，提升员工素质

- 实施高端人才引领、电力工匠塑造、青年人才托举"三大工程"
- 建设国家级创新人才培养示范基地
- 建立从公司到班组的五级培训体系
- 建成国内最大企业级网络学习平台
- 12 所职业院校每年为社会输送高素质技能人才超过 1 万人

办实事暖人心增强员工凝聚力

- 用心用情解决职工关心的切身问题
- 建成多层次社会保障体系
- 改善一线特别是偏远地区职工生产生活条件

两院院士
7人

国家级专家人才
388人

"三类五级"
专家
1.14万人

中国电科院院士
5人

首席专家
120人

高级专家
1850人

本科及以上
学历占
66.1%

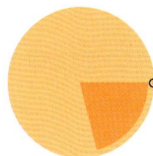

高级职称、
高级技师占
20.6%

新增国家级人才
33 人

省部级人才
400 人

遴选首席和特级技师
143 人

储备培养
特高压直流运检人才
1904 人

建成"五小 +"供电所
5954 个

"高原氧吧"
462 个

3 家单位
25 人
荣获全国五一劳动
奖状、奖章

26 个
集体被授予
全国工人先锋号

国网山东电力冯新岩获评
"大国工匠年度人物"

南瑞集团薛峰获评
"央企楷模"

关爱户外劳动者
建成户外休憩小站
1370 个

职工志愿服务
17.4 万人次

举办健康教育和
培训指导等活动，服务职工
31.7 万人次

关怀慰问因病住院职工
4.9 万人次

心理援助服务职工
11.9 万人次

工间操机制实现全覆盖，
自编自创工间操
1693 个

职工互助保障计划支付
互助保障金
3861.2 万元

服务职工
1.2 万人次

伙伴合作与行业引领

举办"沙戈荒"新能源外送等专题论坛及学术活动，达成 32 项基础前沿性技术合作意向，联合申报 12 项国家重点研发技术项目，促进关键技术联合攻关、科技进步技术示范、工程实践持续创新

加快科技先导型企业培育，公司系统 3 家单位入选第五批国家专精特新"小巨人"企业；参股助力 8 家链上专精特新"小巨人"企业和 6 家专精特新中小企业

推动新型电力系统技术创新联盟扩围升级，联盟成员单位扩充至 62 家，创立《新型电力系统》学术期刊，提升联盟学术影响力

建设优势特色产业园区，国家电网能源互联网产业雄安创新中心成功入选雄安新区 2023 年智能建造试点项目

发起新型电力系统产业链共链行动，发布新型电力系统现代产业链开放共享合作倡议，26 家国资央企、行业代表现场签约

累计
牵头立项国际标准
217 项

累计
牵头发布国际标准
104 项

近 **10** 年
累计参与制定国际标准、拥有国际专利数量，均居国际同行首位

IEC 标准	IEEE 标准
100 项	77 项
ISO 标准	ITU 标准
11 项	29 项

IEC 标准	IEEE 标准
72 项	28 项
ISO 标准	ITU 标准
2 项	2 项

先后承担 9 个
国际电工委员会 (IEC) 技术机构秘书处工作和
1 个主席职务

扩大公共机构能源托管规模

7家

省级电力公司
与省机关事务管理局
签署合作协议

14家

省级电力公司
促请政府主管部门出台
节约用电支持政策

全国最大海缆施工船"启帆 19 号"成功下水,总长 108.6 米,宽 37.2 米,排水量 2.4 万吨、载缆量达 1 万吨,是国内排水量和载缆量最大、海缆埋设深度最深、海缆敷设精度最高、综合作业能力最强的海缆施工船

与西门子能源、赛米控、威世等

13家

供应商签订进口合作意向，金额共计 84.15 亿元人民币

与清华大学等

11所

高校务实合作，健全校企协同育人机制，共建 3 所国家卓越工程师学院，累计培养 232 名工程硕博士

与湖北、甘肃等

14个

省（区、市）政府，5 家央企举行会谈，签订 6 份战略合作协议

打造绿色现代数智供应链

国家电网公司聚焦供应链"发展支撑力、行业带动力、风险防控力、价值创造力"和"效率、效益、效能"提升，扎实推进供应链平台与服务升级、绿色和数智升级，建设协同化、智慧化、精益化、绿色化、国际化的现代供应链，共创协同共赢的供应链绿色低碳生态圈。

推动供应链资源整合
提高上下游企业协同发展能力

- 应用驱动需求牵引供应链整合
- 发挥供应链链主生态引领作用
- 打造供应链公共服务协同平台

推动供应链绿色低碳发展
提高服务"双碳"目标实现能力

- 构建供应链绿色低碳标准、评价、认证体系
- 发布绿色采购指南，引领链上企业绿色低碳发展
- 推进供应链全环节降碳、节能、减污

推动供应链开放合作
提高供应服务保障能力

- 拓展物流供应网络
- 增强供应链关键领域安全韧性
- 优化国内国际供应链布局

推动供应链流程优化
提高精益集约管理能力

- 深化供应链管理体系建设
- 推进供应链流程贯通集成运营
- 支撑设备资产全生命周期管理
- 强化供应链合规风险一体防范

推动供应链科技创新
提高数智赋能智慧共享能力

- 建立市场激励创新机制
- 采购带动供应链数字化转型
- 加大供应链全场景 AI 智能应用
- 发展供应链技术生态新模式

供应链链主生态引领

全生命周期好中选优

绿色低碳可持续发展

数智化运营塑链赋能

国家电网
绿链发展
八大行动

规范透明化阳光采购

建现代物流增效保供

创新固链保安全稳定

全面强基创国际领先

升级行业级供应链公共服务云平台（国网绿链云网），引领能源电力行业互联融通

打造"六级"供应链"控制塔"（高端智库），加强与公司各专业、链上企业、社会机构、政府部门等链接，引领电工电气装备行业数智转型

构建以实物 ID 为纽带的"一码双流"物联网络，形成行业级供应链基础大数据库

全年两级集中采购金额超
7000 亿元

平台交易金额超
10000 亿元

集团集中采购率
100%

电子采购率
100%

物资供应金额超
3000 亿元

供应及时率
100%

及时全面保障
1000 余项
重大项目物资供应

实物资源盘活压降金额
95 亿元

报废物资线上竞价金额
70 亿元

发布供应链国家标准、行业标准等
24 项

业务办理时长平均压降
63%

年均节约差旅成本
40 亿元

释放供应商保证金
442 亿元

工信部制造业
质量管理数字化
解决方案
十大优秀案例之首

连续 8 年
国务院国资委
央企采购管理对标
第一

中电联
电力科技创新大奖

全国十佳
集中采购管理机构

首批
全国供应链创新
与应用示范企业

央企首家
全国绿色供应链
管理企业

第四届
中国工业互联网大赛
产业链供应链
协同奖项第一名

公益慈善

国家电网公司持续加强公益慈善集团化运作、规范化管理、品牌化发展,聚焦主责主业围绕"服务乡村振兴、服务能源绿色低碳发展、扶危济困、奉献爱心"四大主题,打造国网"候鸟生命线""生命鸟巢""电力爱心教室""电力爱心超市""绿电方舟"等公益品牌项目,主动实施海外慈善项目,9次荣获中华慈善奖,赢得海内外社会各界广泛赞誉。

国家电网公司

2023 年

捐赠金额
39796.82 万元

捐赠项目
628 个

类别	捐赠项目	捐赠金额
乡村振兴类	435 个	16047.96 万元
助老助残助学类	150 个	12114.86 万元
援疆援藏等援助类	4 个	3270 万元
生态环境保护类	28 个	573 万元
赈灾类	11 个	7791 万元

国家电网公益基金会

2023 年

捐赠金额
17568.51 万元

捐赠项目
16 个

国网赋能乡村工程	捐赠项目 **6** 个	捐赠金额 **7157.02** 万元
国网绿色工程	捐赠项目 **3** 个	捐赠金额 **293** 万元
国网爱心工程	捐赠项目 **4** 个	捐赠金额 **818.49** 万元
国网光明工程	捐赠项目 **3** 个	捐赠金额 **9300** 万元

国家电网公益
STATE GRID PUBLIC WELFARE

候鸟生命线
国网绿色工程
SGGP

覆盖我国
19 个省份
多条候鸟迁徙路线

组织各类活动
300 余次

铁塔上孵化东方白鹳幼鸟
200 余只

生命鸟巢
国网绿色工程
SGGP

在 **6** 省高原草原地区
输电线路沿线架设人
工鸟巢

新建人工鸟巢
189 个

组织开展各类活动
67 场

电力爱心教室
国网爱心工程
SGCP

完成 **43** 所
学校的教室照明改造等
公共设施升级

改善光源环境面积
24883 平方米

电力爱心超市
国网赋能乡村工程
SGREP

累计建设电力爱心超市
370 个
实现国家电网经营范围
全覆盖

精选、上架物资超
1300 余种

创造公益岗位
418 个

受益村民
19.84 万户
68 万余人

绿电方舟
国网绿色工程
SGGP

在 **6** 个极危物种保护地捐
建微电网和储能设施，保护
中华凤头燕鸥、百山祖冷杉
等濒危物种及生物多样性

成功助力孵化中华凤头燕鸥
179 只

关键绩效披露

联合国"全球契约"行动绩效

环境范畴（E）关键绩效

社会范畴（S）关键绩效

公司治理范畴（G）关键绩效

GRI 内容索引

联合国"全球契约"行动绩效

"全球契约"十项原则	行动绩效
人权 1. 尊重和维护国际公约规定的人权 2. 决不参与任何漠视与践踏人权的行为	• 尊重维护每一位员工的合法权益，公平公正对待不同国籍、种族、宗教信仰、性别的员工 • 平等协商签订集体合同，集体合同覆盖率达 100%，劳动合同签订率达 100%
劳工 3. 维护结社自由，承认劳资集体谈判权利 4. 消除各种形式的强迫性劳动 5. 消除童工 6. 杜绝用工歧视与职业歧视	• 履行维权服务基本职责，加强全过程民主管理。构建"接诉即办"的职工诉求服务体系，完善矛盾纠纷预防、排查和化解工作机制。广开言路，开展"我为班组建设献一策"合理化建议征集活动，评选优秀建议 510 条，参与活动班组 3 万余个、职工 30 万余人次。注重改革中职工权益维护，督促严格履行民主程序，建立常态化信息报送机制 • 严格遵守《中华人民共和国劳动法》《中华人民共和国劳动合同法》等法律法规规定，禁止强制用工和雇佣童工 • 坚持公平雇佣，杜绝因种族、肤色、国别、民族、性别、年龄、文化、身体状况等方面的歧视现象 • 落实国家就业优先战略，多措并举增加就业规模、提升就业质量，每年提供就业岗位超 4 万个，2023 年毕业生招聘录用 2.37 万人
环境 7. 对环境挑战未雨绸缪 8. 主动承担更多的环保责任 9. 鼓励无害环境技术的发展和推广	• 制定碳达峰路径、编制碳管理规划，强化重点领域节能降碳，创建能源管理体系。完善环保制度规范和企业标准，印发环境保护相关企业标准 13 项。倡导社会节约集约用能，开展"e 起节电"活动，参与活动居民 3600 万户，累计节电 22 亿千瓦时。首次实现 56 家亚运竞赛场馆 100% 绿电供应。建设数智化坚强电网，推动能源绿色低碳转型 • 发布中央企业首份能源绿色低碳转型行动报告。成立国家电网有限公司生态环境保护工作领导小组，开展长江、黄河流域生态环境保护专项整治行动。"双碳"贡献力完成 17.6 亿吨，完成绿电交易超 610 亿千瓦时，达成绿证交易超 2300 万张 • 加大绿色低碳科技创新力度，减少电网建设对环境的影响，六氟化硫气体回收 439 吨，回收率 97%，改造高耗能变压器 3.6 万个，助力设备绿色升级累计投资 91.5 亿元。提升服务新能源发展水平，新能源云平台累计接入风光场站超过 530 万座，入驻企业 1.6 万余家，新增新能源并网装机容量超过 2.2 亿千瓦，新能源利用率 97.4%
反贪污 10. 反对任何形式的贪污、勒索和行贿受贿	• 公司党组接受中央巡视，严肃认领、照单全收反馈意见，成立巡视整改工作领导小组，以钉钉子精神推进 118 项整改措施落实落地 • 加强对党员干部特别是"一把手"和领导班子的管理监督，实现二级单位选人用人检查全覆盖 • 开展违规违法获取工程项目、业扩报装领域突出问题自查自纠与检查督导，严肃查处靠企吃企、利益输送、设租寻租、跨境腐败等问题 • 深入开展廉洁文化、家风建设，从源头上防范廉洁风险

环境范畴（E）关键绩效

披露项	举措
E.1 资源消耗	7 经济适用的清洁能源 ☀️　12 负责任消费和生产 ∞　13 气候行动 👁
E.1.1 能源	公司坚持清洁低碳是方向、能源保供是基础、能源安全是关键、能源独立是根本、能源创新是动力、节能提效要助力，努力争当能源清洁低碳转型的推动者、先行者、引领者
E.1.1.1 产品和服务的能源需求下降	综合线损率由 2022 年的 4.96% 下降至本年度的 4.63%
E.2 污染防治	3 良好健康与福祉 〰️　6 清洁饮水和卫生设施 💧　11 可持续城市和社区 🏙️　12 负责任消费和生产 ∞　13 气候行动 👁　15 陆地生物 🌳
E.2.1 固体废物	公司对固体废物采取环境无害化处置全过程管理，并不断规范和完善
E.2.1.1 固体废物处置依法合规情况	公司固体废物处置严格遵守国家相关法律法规，并制定了废旧物资处置管理办法，建立了严密的管控体系。全年未发生违法、违规情况及事件
E.2.1.2 一般工业固体废物管理	公司按有处置价值的一般性废旧物资、无处置价值的一般性废旧物资、特殊性废旧物资三种类型进行处理，同时开展回收商管理、网上竞价、合同签订与履约、处置资金管理、档案与信息管理等多个环节的管理。废旧变压器、断路器、铁塔、导线、电缆等，在国家电网公司电子商务平台按照公开竞价方式处理；废旧水泥电杆、电缆盖板、瓷瓶、非金属表箱等，在符合安全、环境等相关要求的前提下，自行、委托第三方或社会公共机构实施无公害化处理。 公司为加强废旧物资管理，制定《国家电网有限公司废旧物资管理办法》，规范废旧物资鉴定、拆旧、报废、移交、处置、结算等各环节工作流程，提高管理效率，防范企业经营风险。按照废旧物资处置开展前、开展中、开展后的顺序提出相应的管理办法。即将分类处置、网上竞价、合同签订与履约、回收商管理、处置资金管理、废旧物资安全管理、档案与信息管理等环节归集至废旧物资处置中，完善了实物拆除与移交、检查与评价的内容，并增加了退役退出计划编制、退役退出实物报废审批、退出物资再利用三个全新的环节。 公司加强闲废物资处置管理，围绕固废物资处置全流程管控提出 5 个方面 21 项具体措施。加强物资、财务、项目、实物资产管理等专业协同，强化退役计划、鉴定报废、拆除回收、竞价处置、资金回收及闲置实物利用等全流程业务协同，加快报废审批办理，确保足额回收；推动绿色拆解分拣中心统筹布局，选择部分设备材料试点"先拆解、后处置"业务，提升绿色处置能力；强化处置各环节合规性监督，加强电网报废物资回流风险研判，严防报废物资回流电网或造成环境污染事件。 公司率先构建电力废旧物资循环利用体系，试点建设 13 个绿色拆解处置中心，实现废旧物资的减量化、资源化、无害化和再利用。 打造再生资源交易平台，统一全网市场交易、统一回收商管理、统一处置流程、统一竞价方式，实现废旧物资一站式线上交易

续表

披露项	举措
E.2.1.3 一般固体废物处置量	2023 年，处置废电缆盖板、废水泥电杆等一般固体废物 13949.0 吨
E.2.1.4 危险废物管理	公司不断加强危险废物管理，发布企业技术规范，开展危险废物回收利用模式研究。 公司规范废矿物油、废铅蓄电池、废绝缘子、废水泥杆等废弃物的收集、暂存和处置，组织研发铅蓄电池和矿物油智能暂存舱，借助物联网等新技术拓宽废弃物环境无害化处置渠道。 依据国家法律法规，选择具备相关资质的企业或机构回收处理
E.2.1.5 危险废物处置量	处置废矿物油 10082.0 吨、废铅酸蓄电池 7239.0 吨
E.2.2 环境污染	公司坚持资源节约、环境友好、绿色低碳原则，建立健全环境保护工作长效机制，实施电网绿色建设和运行，落实国家生态文明建设重大决策部署
E.2.2.1 环境保护管理体系	公司按照"管理规范化、工作制度化、制度流程化"思路，建立覆盖全流程的环境保护管理体系，印发《国家电网有限公司电网建设项目环境影响评价管理办法》《输变电工程环境保护和水土保持现场管理与施工手册》《输变电工程生态影响防控技术导则》等制度文件，严把项目环评关、环保设计关、绿色施工关、现场监督关、工程验收关，推动基建"六精四化"落地，在可行性研究阶段建立环评报告内审机制，在设计阶段提出"生态环境保护与设计一体化"理念，在施工阶段积极应用新技术、新材料、新工艺，在作业现场强化施工环保、水保监督，在验收阶段明确验收标准、规范工作流程，最大限度减少电网建设全流程对周边环境的不利影响，确保工程建到哪里，绿色发展理念就扎根到哪里。 公司成立了国网环保咨询中心，持续加强环境保护管理体系建设
E.2.2.2 电磁环境、声环境、地表水	公司系统新开工 110 千伏及以上电网建设项目环评率连续保持 100%，电磁环境、声环境和地表水均保持合规。 在部分地区创新空间电磁环境监测模式，自主研发移动式电磁环境监测装置，实时监测输变电工程附近的工频电场、工频磁场等电磁环境数据，研发空间电磁环境监测平台，对电磁环境数据进行集中采集和监控，电磁环境平均监测时长由 5 小时缩短至 10 分钟。 加强重点工程过程管控，取得宁夏—湖南等 5 项特高压工程环评和水保方案批复，实施金上—湖北、平江抽水蓄能等 10 项工程施工期专项检查，完成白鹤滩—江苏等 6 项跨省项目环保、水保验收。 推进设备运行期监督管理，进一步规范变电站（换流站）噪声监测方法，制订推广可移动噪声连续监测装置方案，完成噪声、废水等环境监测和治理
E.3 气候变化	13 气候行动　14 水下生物　15 陆地生物
E.3.1 温室气体排放	公司积极应对气候变化，强化资源节约，推动公司全过程节能环保措施实施，加强自身碳排放管理，着力降低自身碳排放水平，助力实现碳达峰、碳中和目标
E.3.1.1 温室气体来源与类型	电网企业温室气体排放主要涉及二氧化碳和六氟化硫两类温室气体。 六氟化硫是一种惰性气体，因其具有良好的绝缘性能和灭弧性能，已经逐步取代原有的绝缘用油，应用十分广泛，虽然六氟化硫本身对人体无毒、无害，但它却是能量巨大的温室气体，其全球增暖潜势（GWP-100）是二氧化碳的 24300 倍

续表

披露项	举措
E.3.1.2 温室气体排放管理	公司深入推进电网规划设计、建设运行、运维检修各环节绿色低碳技术研发，实现全过程节能环保；提出电网企业碳评价指标和核算方法，推动形成供应链全寿命周期碳足迹管理体系；研究碳市场建设相关问题，深入挖掘碳排放资产，构建绿色低碳品牌；积极参与国土绿化行动，增加企业生态碳汇。 公司制定《国家电网公司六氟化硫气体回收处理和循环再利用监督管理办法》，六氟化硫气体循环利用坚持"分散回收、集中处理、统一检测、循环利用"原则，纳入公司日常生产运维检修管理。 2023 年回收六氟化硫 439 吨，回收率达 97%
E.3.2 减排管理	公司较早制定《国家电网公司节能减排管理规定》，在电网规划、基建、技改、运行、调度、交易、营销和办公辅助等各环节实施节能减排，包括控制能源消耗和污染物排放，完成节能减排约束性指标管控
E.3.2.1 温室气体减排管理	公司针对不同领域和环节的减排实施归口管理。线损管理、基建工程各环节的减排管理、电网设备运维检修方面的减排管理、电力需求侧管理和节能服务体系建设分别由专业部门负责推进与实施。 公司通过优化六氟化硫气体回收处理模式，运用数字化管控平台提高六氟化硫气体回收率、循环利用率及净化处理时效。为减少六氟化硫对环境的影响，公司积极开展六氟化硫气体状态检测、循环再利用等关键技术研究，开发出具有自主知识产权的六氟化硫气体回收、净化处理成套装置，建立了 26 个省级六氟化硫回收处理中心，对六氟化硫实施分散回收、集中处理、统一检测、循环利用。 2023 年起，公司 110 千伏、220 千伏气体绝缘全封闭组合电器（GIS）设备按照"增量设备全面推广应用，存量设备有序推进改造"原则，积极稳妥推动六氟化硫 - 氮气混合气体 GIS 设备应用。 实施绿色采购，降低范围二和范围三排放，推进绿色循环和处置，累计采购高效节能变压器 19 万余台，再生资源处置累计 347 亿元
E.3.2.2 温室气体减排量	直接减排量： 2023 年，回收六氟化硫 439.3 吨，相当于减排二氧化碳 1049.9 万吨。降低线损节约电量 181 亿千瓦时，相当于减排二氧化碳 174 万吨。 间接减排量： • 公司率先构建电力废旧物资循环利用体系，试点建设 13 个绿色拆解处置中心，打造再生资源交易平台，开展废旧物资绿色处置和循环利用，带动 7066 家循环链参与企业实现碳减排 969.6 万吨； • 减少纸张印刷和商务差旅带来的碳减排量超过 20 万吨； • 积极推广"五云"（云采购、云签约、云监造、云物流、云结算）新模式，实现了供应链全流程数字化、无纸化作业，相当于每年节约 3360 吨燃煤、少排 75 万吨污水、少砍伐 6.4 万棵树，年减排二氧化碳约 20 万吨。国家电网公司成为首家获评全国绿色供应链管理企业的央企集团； • 公司总部提高新能源车辆公务用车使用比例，减少碳排放 379.2 吨
E.3.3 环境权益交易	公司努力提升碳资产管理能力，积极参与全国碳市场建设，充分挖掘国家核证自愿减排量 (CCER) 资产，建立健全公司碳排放管理体系，发挥公司产科研用一体化优势，培育碳市场新兴业务，构建绿色低碳品牌，形成共赢发展的专业支撑体系
E.3.3.1 直接参与碳排放权交易市场情况	2023 年，完成全部存量国家核证自愿减排量 (CCER) 的处置，盘活资产处置资金 1.36 亿元。 支持多家控排单位完成市场履约，帮助控排企业节约市场履约成本 2000 余万元
E.3.3.2 参与绿色电力交易	在推进绿色建筑建设和既有建筑节能减排的基础上，全面推进办公购电绿电消费，按照应纳尽纳的原则，持续扩大绿电绿证交易规模。 公司总部办公用能参与绿电交易，成为首个总部用能全绿电的央企。 2023 年绿电交易超 610 亿千瓦时，绿证交易超 2300 万张

续表

披露项	举措
E.3.4 气候风险管理	气候变化引起的洪水、台风等自然灾害，会对电网运行的安全性和可靠性造成重要影响。为有效防御气候变化带来的财务、安全等风险，公司建立应急安全体系，全面完成省、市、县级电力公司应急能力建设评估，深入推进应急演练常态化开展。立足防大汛、抢大险、抗大灾、防强台风，做好应对突发灾害的准备工作，提前谋划部署，及时发布预警、启动应急预案，全力应对突发灾害，快速恢复受损电力设施
E.3.4.1 气候风险管理	公司将电网覆冰、山火、雷电、舞动、台风、地质灾害监（预）测预警中心及数值预报中心纳入生产管控体系，打造数据管理统一化、服务能力专业化、场景应用定制化、预报信息精准化的电力气象服务体系，进一步提升电网抵御自然灾害的能力。 中国电科院新能源中心研发电力气象预测预警综合服务系统，全面支撑电网规划建设、调度运行、运维检修和输配用电等各环节。 制定《国家电网有限公司气象灾害应急预案》应对极端气候灾害。 建设防灾减灾中心，积极支撑政府应急保障工作。 夏季极端高温天气频发导致电力需求急剧增加，制定跨省跨区电力调度保供预案，充分发挥大电网平台优势和跨省跨区输电通道能力，促进区域余缺互济
E.4 生物多样性	
E.4.1 生物多样性影响和管理	电网行业在规划、建设、检修、运营及电网设备退役之后的全生命周期中的各环节都与生物多样性紧密相关。公司一直致力于建设环境友好的绿色电网，将生物多样性保护融入电网建设运维各环节，积极探索电网保护与动物、植物等不同生物物种，以及沙漠、湿地、森林等不同生态系统的和谐共生之路
E.4.1.1 生产、服务和产品对生物多样性的影响	基于电网在规划、建设、运营维护及电网设备退役之后的全生命周期对生态环境可能造成的影响，国家电网公司注重将生物多样性保护融入企业运营全流程。在规划选址阶段，优化选址选线，有效避让生态脆弱区域；在科研设计阶段，编制环评报告、水保方案，开展环境保护、水土保持设计；在施工建设阶段，积极采用有利于环保的新技术新工艺新材料，落实各项环境保护和水土保持措施，减少施工活动对环境的影响，避免植被破坏和水土流失；在项目运行阶段，认真执行环境保护相关标准，加强污染防治运维管理，强化技术监督和环境治理；在设备退役阶段，开展电网废弃物减量化、资源化、无害化处置
E.4.1.2 组织在位于或邻近保护区和保护区外的生物多样性丰富区域拥有、租赁、管理的运营点	公司经营区域覆盖我国 26 个省（自治区、直辖市），26 个省（自治区、直辖市）的保护区和保护区外的生物多样性丰富区域与公司供电服务范围重合
E.4.2 受保护的栖息地与物种	公司对经营区内受保护的栖息地与物种高度关注，并依据电力行业属性、发挥专业优势开展保护工作
E.4.2.1 受保护或经修复的栖息地	公司根据当地经济社会发展需求和自然生态环境实际情况，与利益相关方合作开展栖息地保护或修复，重点区域有：天津北大港湿地；河北洋河、南大港、丰南黑沿子湿地；山东东营黄河三角洲湿地；山东荣成大天鹅栖息地；山东长岛海洋生态系统；湖北神农架林区生态系统；湖南岳阳东洞庭湖湿地；湖南张家界森林生态系统；安徽安庆沿江、菜子湖湿地；安徽池州九华河、升金湖湿地；江苏盐城湿地；江苏泰州溱湖湿地；江苏扬州高邮湖湿地；浙江内河港口；浙江松材线虫病防治

续表

披露项	举措
E.4.2.1 受保护或经修复的栖息地	区；浙江钱江源国家公园及周边地区；浙江金华江、东湖水库及周边地区；青海玉树三江源自然保护区；宁夏沙湖、黄河沿线湿地及周边地区；宁夏腾格里和毛乌素沙漠部分区域；新疆天山一号冰川；新疆巴音布鲁克草原；新疆西天山生态系统；四川雅安野生大熊猫栖息地；黑龙江扎龙湿地等
E.4.2.2 受运营影响的栖息地中已被列入世界自然保护联盟 (IUCN) 红色名录及国家保护名册的物种	黑龙江扎龙湿地及周边地区：东方白鹳、丹顶鹤、白枕鹤等。 天津七里海、北大港、大黄堡、团泊湿地及周边地区：东方白鹳、白冠长尾雉、白鹭、灰鹤等。 河北唐山丰南镇黑沿子湿地及周边地区：东方白鹳、震旦鸦雀、夜鹭等。 河北沧州南大港湿地及周边地区：东方白鹳、大鸨、松雀鹰、白鹭等。 山东东营黄河三角洲湿地及周边地区：东方白鹳、绿头鸭、黑翅鸢、勺嘴鹬等。 安徽九华河、升金湖湿地及周边地区：东方白鹳、白冠长尾雉、红隼、小天鹅、苍鹭等。 江苏盐城条子泥湿地及周边地区：丹顶鹤、白头鹤、东方白鹳、白尾海雕等。 江苏扬州高邮湖湿地及周边地区：东方白鹳、白鹭、棕背伯劳等。 江西鄱阳湖湿地及周边地区：东方白鹳、白额雁、小天鹅、丝光椋鸟等。 河南陆浑湖湖泊湿地及周边地区：中华秋沙鸭、黑鹳、白尾海雕等。 湖北返湾湖湿地及周边地区：青头潜鸭、白腹鹞、黑鸢、白尾鹞等。 陕西秦巴山地及周边地区：朱鹮、黑鹳、白鹳等。 宁夏沙湖、黄河沿线湿地及周边地区：丹顶鹤、白枕鹤、白琵鹭、玉带海雕、鸳鸯、凤头䴙䴘等。 甘肃张掖国家湿地公园及周边地区：黑鹳、青头潜鸭、白枕鹤、黑颈鹤、遗鸥等。 四川若尔盖湿地及周边地区：黑颈鹤、大天鹅等。 新疆柳城子水库、白鸟湖及周边地区：灰鹤、黑鹳、白头硬尾鸭等。 西藏林周县虎头山水库、卡孜水库及周边地区：黑颈鹤、斑头雁、赤麻鸭等。 浙江钱江源国家公园及周边地区：中华秋沙鸭、彩鹮、鹗等。 浙江金华武义县北郊西田畈村山林地区、金华江、东湖水库及周边地区：东方白鹳、彩鹮、黑脸琵鹭等。 吉林通榆向海国家级保护区及周边地区：东方白鹳、大鸨、黑鹳等。 吉林长岭龙凤湖省级自然保护区及周边地区：东方白鹳、白鹤、丹顶鹤等。 重庆万州甘宁镇附近地区：中华秋沙鸭、青头潜鸭等。 重庆大足龙水湖及周边地区：白鹤、白鹭、鸿雁、鸳鸯等。 福建三明沙县区垄东水库和洞天岩水库：中华凤头燕鸥、勺嘴鹬、黑脸琵鹭等。 四川若尔盖草原地区：大鵟、草原雕、猎隼、游隼、红隼等。 内蒙古呼伦贝尔草原地区：红隼、红脚隼、大鵟等。 甘肃张掖境内草原地区：鵟、红隼等。 青海三江源地区：草原雕、猎隼、大鵟等。 新疆巴音布鲁克草原地区：鵟、金雕等。 西藏那曲、阿里草原地区：大鵟、猎隼等。 浙江宁波象山韭山列岛：中华凤头燕鸥、大凤头燕鸥等。 浙江丽水钱江源-百山祖国家公园：冷杉、黄腹角雉、黑麂、白颈长尾雉等。 浙江舟山五峙山列岛：中华凤头燕鸥、大凤头燕鸥等。 浙江台州漩门湾国家湿地公园：中华凤头燕鸥、黑鹳、黄嘴白鹭等。 福建福州闽江河口自然保护区：黑脸琵鹭、中华凤头燕鸥等。 新疆乌鲁木齐白鸟湖湿地：白头硬尾鸭等
E.5 资源与环境管理制度措施	

续表

披露项	举措
E.5.1 低碳发展	公司充分发挥"大国重器"和"顶梁柱"作用，自觉肩负起历史使命，推动全社会尽快实现碳中和，把碳达峰、碳中和贯穿于公司发展的各方面与全过程，充分发挥电网"桥梁"和"纽带"作用，加快构建新型电力系统
E.5.1.1 低碳发展目标制定与战略措施	公司在同类型企业中率先发布《国家电网公司碳达峰、碳中和行动方案》，制定低碳发展管理制度和具体措施，积极培养碳领域专业技术人才。 成立电力系统碳中和研究中心，专门负责"双碳"及新型电力系统构建相关工作。该中心负责整合内外部科研力量和创新资源，加强新型电力系统基础核心技术研究，打造碳达峰、碳中和技术创新高地，为开展能源电力行业碳排放技术研究及评估认证体系建设奠定基础
E.5.2 资源管理措施	公司推动节能减排加快实施，着力降低自身碳排放水平
E.5.2.1 能源使用与节能管理	全面实施电网节能管理。优化电网结构，推广节能导线和变压器，强化节能调度，提高电网节能水平。 加强电网规划设计、建设运行、运维检修各环节绿色低碳技术研发，实现全过程节能、节水、节材、节地和环境保护。 强化办公节能减排。推进现有建筑节能改造和新建建筑节能设计，推广采用高效节能设备，充分利用清洁能源解决用能需求，积极采用节能环保汽车和新能源汽车，促进交通用能清洁化，减少用油需求
E.5.3 节能降碳统计监测与考核奖惩体系	公司较早制定《国家电网公司节约电力电量指标管理办法》，规范节约电力电量指标，明确考核奖励办法
E.5.3.1 节能降碳监测、统计报告和考核管理	公司在保障电网安全和经济运行的前提下，采取措施减少自身的电力需求和电量消耗。 节约电力电量包括节约电量和节约电力。节约电量包括公司自身节约电量、所属节能服务公司实施节能项目完成的节约电量、购买社会服务节电量和推动社会节约电量四部分。节约电力主要包括公司实施负荷管理措施所实现节约电力与公司完成的节电量所对应的节约电力之和。 公司对节约电力电量实行指标计划管理，实行"月统计、季分析、年通报"制度。公司各单位按季度开展节约电力电量指标管理分析与评价，对所属单位（部门）、节能服务公司节约电力电量指标完成情况和节约电力电量管理情况实施考核。节约电力电量指标计划完成情况纳入企业负责人业绩考核和同业对标管理
E.5.4 绿色环保行动与措施	公司鼓励各单位以合同能源管理方式实施电网技改大修、办公及生产场所节能改造等公司自身节能项目，促进节能服务产业发展
E.5.4.1 绿色技改和循环利用	公司通过电网技术改造与大修不断提高绿色技术改造水平，一般包括高效变压器应用、线路改造、节能金具应用、升压改造、电能质量治理、变电站无功补偿、其他新技术应用等节能措施。 公司率先构建电力废旧物资循环利用体系，试点建设绿色拆解处置中心，打造再生资源交易平台，开展废旧物资绿色处置和循环利用。 公司制定《国家电网公司六氟化硫气体回收处理和循环再利用监督管理办法》，加强六氟化硫回收处理和循环利用
E.5.4.2 绿色建筑改造	公司印发《加快推进建筑节能降碳和绿色发展的实施意见》，为建筑节能降耗工作提供行动指南。 按照实施意见要求，公司 470 个新建电网小型基建项目全面执行绿色建筑标准，总建筑规模 143 万平方米，均达到星级建筑标准。46 个既有生产办公建筑项目进行绿色节能改造，预计平均综合节能率较能耗基准超过 10%；10 家单位开展 107 栋能源分项计量改造，实现建设能耗全过程跟踪管控。 公司积极开展绿色建筑试点创建行动，按照"试点先行、示范引领、逐步推进"原则，选取 9 家单

续表

披露项	举措
E.5.4.2 绿色建筑改造	位开展超低能耗、近零能耗、零碳建筑、光储直柔和高星级绿色建筑新建改造试点，通过加强节能设计、应用"主动＋被动"技术、部署建筑能源管理系统、引入新能源发电等措施，着力打造绿色建筑示范样板工程。国网浙江电力积极探索电力与建筑技术深度融合，开展"光储直柔"＋"零能耗"新型建筑试点建设，加快实现可再生能源利用率和建筑综合节能率两个"100%"目标；国网河北电力应用"5+3"主被动节能技术，打造低碳化、柔性化、智慧化"三化合一"雄安新区绿色建筑，入选国家住建部"零碳建筑科技示范工程"；国网江苏电力推进绿色建筑低碳领域专利标准知识产权布局，打造绿色柔性建筑新模式，获评中国建筑节能协会低碳节能建筑十佳案例
E.5.4.3 绿色办公和运营	公司下发《国家电网公司关于开展公司办公用房绿色电力消费工作的通知》，全面推进各单位办公购电绿电消费。 公司在办公场所、生产及辅助设施采取的节能措施一般包括建筑本体节能、电气系统节能、空调系统节能、供暖系统节能、产业和制造业设施节能、无纸化办公、提高新能源汽车应用比例等
E.5.4.4 绿色采购与绿色供应链管理	公司作为主要电工装备采购者，积极响应国家号召，以推行绿色采购、打造绿色供应链为目标，充分发挥市场配置资源的决定性作用，促进绿色流通和可持续发展，积极构建绿色供应链，实施绿色采购；以识别绿色属性、推广绿色电工装备为手段，协同上下游企业共同践行环境保护、节能减排等责任，加快电力装备绿色低碳创新发展；以坚持标准引领、强化绿色管理体系为要求，发挥标准体系在绿色采购体系建设中的引领作用，以公平、公正、公开的绿色采购评价体系为保障，规范和促进绿色供应链体系建设。 公司发布《国网绿色采购指南》，实施绿色采购，深化绿色制造、绿色施工、绿色包装、绿色物流，推广"零碳"检储配基地建设。推进实物资源统一接入 ELP 系统，累计完成接入 27 家，接入完成率 100%。 公司构建供应链绿色低碳环保物资标准化体系，开展电网物资绿色属性梳理识别工作。 公司积极推动绿色产业链升级，构建绿色现代数智供应链体系，打造行业级供应链公共服务平台、大数据库和高端智库，发挥标准引领、市场驱动作用，带动产业链供应链全链条绿色升级。绿链建设任务完成率 72.7%；采购文件评审效率提升 20%，供应链业务办理时间平均压减 63%，累计为供应商节约成本 40.8 亿元。积极推广"五云"（云采购、云签约、云监造、云物流、云结算）新模式，实现了供应链全流程数字化、无纸化作业
E.5.4.5 环保公益活动	公司多年来持续开展环境保护社会公益活动。2023 年公益捐赠项目中，生态环境保护类项目 28 个，捐赠金额 573 万元。 公司高度重视生态系统保护，为倡导社会民众绿色行动，形成绿色低碳生产生活方式，实施"国网绿色工程"环保公益活动，重点开展 3 项行动： • 助力"双碳"行动。落实国家电网公司碳达峰、碳中和行动方案开展的公益项目； • 护线爱鸟行动。聚焦电网沿线鸟类保护，推进和开展专业护线、科学护鸟的"线·鸟"双护公益项目； • 生态保护行动。除上述行动之外，其他助力生态系统保护的公益项目。 公司因生态环境保护方面的突出表现和贡献获得第十一届中华环境奖
E.5.5 环境领域合法合规	公司将环境领域合法合规纳入公司整体合规管理，将加强生态环保领域合规管理纳入合规管理提升年重点任务，进行跟踪评价和考核
E.5.5.1 环境领域违法违规事件	报告期内无重大环境领域违法违规事件发生
E.6 促进绿色转型	

披露项	举措
E.6.1 推进构建新型电力系统	公司自觉肩负起责任使命，在构建以新能源为主体的新型电力系统中发挥主力军作用。公司提出，要立足我国能源资源禀赋，适应能耗双控逐步转向碳排放双控的新要求，坚持清洁低碳是方向、能源保供是基础、能源安全是关键、能源独立是根本、能源创新是动力、节能提效要助力，统筹发展与安全、统筹保供与转型，依托电力系统高质量发展推动能源高质量发展
E.6.1.1 清洁能源机组并网容量	新增风光新能源并网装机容量 2.26 亿千瓦，利用率保持 97% 以上。 累计接入新能源场站超过 500 万座。 在运抽水蓄能装机容量突破 3321 万千瓦。投资在运在建抽水蓄能电站 68 座，装机容量超 8500 万千瓦
E.6.1.2 清洁能源机组上网电量	23873 亿千瓦时
E.6.1.3 降低线损节约电量	181 亿千瓦时
E.6.1.4 省间清洁能源交易电量	5767 亿千瓦时
E.6.1.5 新型储能开发建设	新型储能在示范项目建设、商业模式探索、政策体系构建等方面取得积极进展，市场应用规模稳步扩大。公司 2023 年新型储能装机容量累计超过 2600 万千瓦。 公司已建立覆盖储能调度各流程的管理体系，在储能的并网管理、运行管理、调度技术等方面开展工作，为储能高效运行奠定良好基础。 公司牵头的 6 项电力储能国家标准获批发布，进一步健全我国储能标准体系。 预计 2030 年国家电网公司经营区新型储能装机容量达到 1 亿千瓦
E.6.1.6 推进绿电绿证市场建设	公司紧密围绕"双碳"目标，多措并举推进绿色电力市场建设。快速搭建绿证交易平台，完善绿证交易平台功能，实现绿证交易资金线上实时支付；广泛开展市场主体培训，宣讲绿色电力市场建设政策文件，普及绿证交易知识，编制用户交易手册；深入调研市场绿证需求，组织各省级交易中心通过多种方式调研市场主体绿证购买意向、购买用途和意见建议；构建绿电消费核算体系，编制绿色电力消费核算办法，在北京、天津、山东、上海、江苏、浙江等省份开展试点，为经营区用户提供权威的绿色电力消费核算服务。 公司绿证交易平台累计交易绿证 2317 万张，折合电量 231.7 亿千瓦时，交易量大幅增长；公司绿证交易平台单日最大交易量 568 万张，成交金额超 1.1 亿元，创我国绿证交易单日交易量新高，为推广绿证制度、强化绿证功能、提高绿证社会认可度发挥了重要作用。 公司推进绿证领域标准制定工作，牵头编制的电气电子工程师学会（IEEE）国际标准《基于区块链的绿电标识认证应用标准》正式发布，同时牵头立项绿证领域国际电信联盟（ITU）、国际电工委员会（IEC）、电气电子工程师学会（IEEE）国际标准及国内首批绿证行业标准。 积极推动供给侧清洁化、低碳化，助力第六届进博会首次实现全绿电办展，完成 8925 张绿证采购，相当于减排二氧化碳 6214 吨
E.6.2 电力需求侧管理	公司按照《电力需求侧管理办法》要求，加强全社会用电管理，综合采取可行的技术、经济和管理措施，优化配置电力资源，在用电环节实施节约用电、需求响应、绿色用电、电能替代、智能用电、有序用电，推动电力系统安全降碳、提效降耗

披露项	举措
E.6.2.1 推动用电环节节约用电	公司在供电营业区内通过开展电力需求侧管理，推动电力用户实施节能，减少电力需求和电量消耗，并为用户提供节能服务。 公司推动社会节能实施的项目主要包括但不限于：用户所属的输配电系统节能、余热余压利用、锅炉改造、电机系统节能、能量系统优化、建筑本体节能、照明系统节能、蓄热（冷）及热泵技术应用等节能项目。 开展 2 万余户公共机构、9000 余户工业企业现场能效诊断工作，提供节能建议 17 万条。 推动 14 家省公司促请政府主管部门出台节约用电支持政策。 发动超过 2700 万居民参与"e 起节电"活动，累计节电 20 亿千瓦时
E.6.2.2 电能替代	公司稳妥有序、因地制宜推动电能替代，在北方地区推动以电代煤清洁取暖，全面开展全电景区、全电船舶、公路与铁路电气化等电能替代项目。 在长江经济带，公司大力部署绿色岸电工程，助力港口码头降碳减污，让绿色发展动力更足。2023年，长江经济带船舶岸电使用量 1.2 亿千瓦时，同比增长 64%，提前 2 年实现"十四五"用电量超亿千瓦时目标。 2023 年，为服务新能源汽车下乡，公司经营区域内新增县乡充电站 1.2 万座、充电桩 9.8 万个。 协助政府完成 82 万余户新增"煤改电"改造任务
E.6.2.3 电力需求响应	通过经济激励为主的措施，引导电力用户根据电力系统运行的需求自愿调整用电行为，实现削峰填谷，提高电力系统灵活性，保障电力系统安全稳定运行，促进可再生能源电力消纳
E.6.3 推进社会污染防治与温室气体减排	公司作为能源资源转换利用和优化配置的枢纽，坚定不移走绿色发展之路，全面协同促进电能替代、节能与减污降碳、推动产业链绿色升级，引导形成绿色低碳的生产生活方式
E.6.3.1 助力污染防治	实施电能替代推动污染物减排，电动汽车充电桩、岸电工程、煤改电等举措降低燃油和煤炭的使用，从源头降低化石燃料燃烧带来的各种污染物排放。 运用电力大数据助力生态环境监督，与各级生态环境主管部门签署战略合作协议，对污染源企业用电情况进行在线监测，使相关机构和企业节约了大量环境监测设备采购和运维成本
E.6.3.2 消纳清洁能源减排量	209053 万吨二氧化碳当量
E.6.3.3 降低线损减排量	1530 万吨二氧化碳当量
E.6.3.4 推进碳市场建设	公司加强清洁能源消纳，科学合理推动电能替代，积极促进碳市场要素流动，助力国家碳市场建设和运作。 2023年，生态环境部正式对外发布第一批温室气体自愿减排项目方法学，为温室气体自愿减排交易提供测算依据。中国电力科学研究院电力系统碳中和研究中心深度参与了4项方法学中的《温室气体自愿减排项目方法学并网光热发电(CCER-01-001-01)》全流程开发工作。 2023年6月5日，公司牵头承建的全国碳排放监测分析服务平台高质量通过验收。该平台基于电力大数据和"电-碳计算模型"，实现全国及分地区、分行业月度碳排放计算、监测、分析，助力能耗双控逐步转向碳排放双控。 公司作为并列第一大股东投资的上海环境能源交易所，碳排放配额成交量2.1亿吨、成交额144亿元

社会范畴（S）关键绩效

披露项	举措
S.1 员工权益	3 良好健康与福祉　5 性别平等　8 体面工作和经济增长　10 减少不平等　16 和平、正义与强大机构
S.1.1 员工招聘与就业	坚持公平雇佣。 加大艰苦边远地区就业支持力度，对西藏、新疆等艰苦边远地区，实行本地生源及少数民族学生"优先招聘、优先面试、优先录用、降低学历、降低专业、降低录取分数"招聘政策。选拔当地贫困大学生和高中生分别进行订单和定向培养，支持当地人才就业及社会发展
S.1.1.1 企业招聘政策及执行情况	全力推进稳岗扩就业，落实国家就业优先战略，多措并举增加就业规模、提升就业质量。每年提供就业岗位超 4 万个，2023 年毕业生招聘录用 2.37 万人。持续加强重点区域和重点人群就业帮扶，"三区三州"招聘毕业生 1578 人
S.1.1.2 员工结构	公司全口径用工 143.2 万人，外籍人员比例 1.6%；职工中男性比例 76.1%，女性比例 23.9%，少数民族比例 6.7%。 所有员工均为长期全职员工。 职工本科及以上学历占 66.1%，高级职称、高级技师占 20.6%
S.1.1.3 避免雇佣童工或强制劳动	严格遵守《中华人民共和国劳动法》《中华人民共和国劳动合同法》等法律法规规定，制定规章制度，确保无强制用工和雇佣童工情况
S.1.2 员工薪酬与福利	迭代升级激励举措，深层激发前进动力。持续优化考核体系，精准制定薪酬激励机制，巩固提升福利保障
S.1.2.1 薪酬理念与政策	全面推广宽带岗级工资制度，激励员工立足岗位成长成才。 工资总额向任务重、贡献大、条件苦的单位倾斜，科研单位单列工资与科研价值贡献、科技成果转化、经营效益挂钩
S.1.2.2 薪酬福利保障情况	按照合同法相关要求，提供职工养老保险、职工医疗保险、失业保险、生育保险、工伤保险、商业保险和住房公积金、企业养老年金等员工福利。 强化企业年金运营监管，福利计划同比增长 7.41%。 打造央企个人养老金制度成功范式，公司员工个人养老金开户率、缴存率和人均缴存额远超全国平均水平
S.1.2.3 员工民主管理	公司制定并遵循《职工民主管理纲要》《企业民主管理规则》进行民主管理。健全维护职工主人翁地位的制度设计，全力打造凝心聚力、协商议事、上下沟通、权益保障 4 个平台，形成职代会、厂务公开、职工满意度测评等 10 个工作载体的工作体系。坚持在涉及职工切身利益的改革中严格履行民主程序，充分听取职工意见并在事前向职工公示。 切实履行维权服务基本职责，加强全过程民主管理。 注重调研，组织董事长联络员和职工代表，深入一线班组、营业站所和生产现场调研，编制调研报告转送相关部门参考研究。 坚持和发展新时代"枫桥经验"，构建"接诉即办"的职工诉求服务体系，完善矛盾纠纷预防、排查和化解工作机制，实现"小事不出班组、大事不出单位、矛盾不上交"。

续表

披露项	举措
S.1.2.3 员工民主管理	广开言路，开展"我为班组建设献一策"合理化建议征集活动，评选优秀建议510条，参与活动班组3万余个、职工30万余人次。 召开董事长联络员座谈会，征求对公司改革发展的意见建议。 召开民主议事会议，对公司补充医疗保险办法履行民主程序。 注重创新，开展职工董事体系构建与实践课题研究，做好职工董事履职服务，编制职工董事专报，积极向董事会反映职工呼声。 注重改革中职工权益维护，开展省管产业工会组织建设等问题研究，督促严格履行民主程序，建立常态化信息报送机制
S.1.3 员工健康与安全	持续规范从业人员职业健康管理，完善劳动保护体系，保障员工的人身安全和职业健康
S.1.3.1 员工职业健康安全管理	制订年度职业安全管理计划，重点关注责任落实、制度建设、秩序管理。从业务运营、日常管理、运行机制和企业文化等各方面持续辨识、严格评估与公司职业健康议题有关的不良影响因素，并根据影响程度和发生的概率评估风险等级。 根据《中华人民共和国劳动法》《中华人民共和国安全生产法》等法律要求，以及ISO 45000《职业健康安全管理体系》、GB/T 45001—2020《职业健康安全管理体系要求及使用指南》标准要求，构建职业健康安全管理体系。职业健康安全管理体系覆盖公司各职能部室和业务支撑实施机构及业务开展全过程
S.1.3.2 员工安全风险防控	将不同岗位的职业危害和防范措施纳入与员工签订的劳动合同条款中，履行告知义务。完善生产场所的安全设施，并配合上级部门对存在职业危害的场所进行检测。为员工配备符合国家标准和卫生要求的劳动防护用品。负责组织员工进行体检。安排相关岗位人员在上岗前、转（下）岗、在岗期间定期进行职业健康检查
S.1.3.3 安全事故及工伤应对	落实"管业务必须管安全"要求，深化生产作业现场"五级五控"，重点督查Ⅰ、Ⅱ级风险作业现场。 扎实开展"抓责任、精管理、固基础"输变电工程建设安全主题活动，印发电网建设安全攻坚三十项硬措施，持续理顺安全责任、安全保障、安全监督"三个体系"。 创新实施主动式安全管理，实行作业人员"三核实、四严查"强制措施，推进风险值班管控与"四不两直"现场检查一体化运作。 开展安全隐患专项治理及系统外单位承接工程专项管理，制定相关指导性文件，总结固化专项治理成果。 加强全国两会、亚运会及传统节假日等关键时段安全管理。 开展防范大电网安全事故专项行动，持续巩固"三道防线"。扎实推进重大事故隐患排查整治，集中治理隐患16.6万项
S.1.3.4 员工关爱与帮扶	聚焦职工所急所需所盼抓实事，"五小+"供电所建设、全方位职工关爱行动、普及推广工间操完成目标任务。 完成功能优化的"五小"供电所6664个，建成"五小+"供电所5954个，建成户外休憩小站1370个。 "守网相助"等职工互助保障计划支付互助保障金3861.2万元、服务职工1.2万人次，举办健康教育和培训指导等活动、服务职工31.7万人次，关怀慰问因病住院职工4.9万人次，心理援助服务职工11.9万人次，职工志愿服务17.4万人次。 工间操机制实现全覆盖，自编自创工间操1693个。 组织送温暖慰问，开展元旦、春节"两节"慰问、"三必贺、三必访"职工慰问和"送文化到基层"慰问，把公司党组的关怀温暖传递给每位职工。 为改善高海拔地区职工工作生活条件，建成"高原氧吧"462个

续表

披露项	举措
S.1.4 员工发展与培训	扎实推进人才强企，厚积育才聚才高地，加大高端人才培育力度。不断完善学习培训体系。探索开展培训积分制
S.1.4.1 员工激励及晋升政策	优化"三类五级"专家人才培养选拔机制。培育国家级人才 33 人，获全国创新争先奖 1 人，新增省部级人才 400 人。全面实施人才培养"三大工程"，评选首批特级技师 126 人、首席专家 60 人、青年托举人才 200 人。 优化科技人才选育思路，坚持人才培养与重大攻关相结合，实施资源赋能，给予中国电科院院士、科技研发类首席专家专项项目支持，把创新成果作为选育高端科技人才的重要指标。 强化对科技人员和研发团队的激励力度，分类分层、定性定量实施科研考核，深化实施股权、项目分红、岗位分红激励。 加大内部人力资源调配，通过公开竞聘、挂职锻炼等方式盘活人力资源存量 4.5 万人，支撑电网建设运行、科技创新、新兴业务发展需要
S.1.4.2 员工教育与培训	深化与清华大学等 11 所高校务实合作，健全校企协同育人机制，共建 3 所国家卓越工程师学院，形成"两团、三库、四体系"国网特色培养模式，累计培养 232 名工程硕博士。 2023 年，培训员工 438 万人次。全员培训率 97.36%。定期接受绩效和职业发展考核的员工比例达到 100%
S.2 产品与服务管理	
S.2.1 产品安全与质量	建立常态化设计质量监督检查机制，加强设计源头管控与质量管理，压实建设单位质量检测责任，规范和加强工程建设施工业务外包管理
S.2.1.1 质量管理	全年未发生大面积停电事故、重特大设备事故、重大网络安全事件。 制定 6 个方面 23 项重点举措，指导督促各省级电力公司制定实施细则，联合相关部门开展施工业务外包规范管理督导检查。 重点对输变电工程设计质量、各环节管理责任落实情况开展检查。面向主网工程、主力设计队伍实施"两严三强一提升"管控措施。 制定质量检测项目清单。强化金具、绝缘子质量管控，把好材料检测、质量验收关口。重点管控变电工程二次作业设计交底、方案编审、作业过程、调试验收、档案移交 5 个关键环节，实施 19 项质量管理强制措施。强化达标投产抽查监督成果应用，制定 27 条质量通病治理措施，推动通病治理有效开展。制定输变电工程绿色建造指引 2.0 版，持续提升工程建设品质
S.2.2 客户服务与权益	聚焦惠企利民，提升供电服务品质，降低企业用能成本，激发市场主体活力，持续优化电力营商环境
S.2.2.1 客户满意度	完成 38.7 万户重点企业入户走访。 95598 智能客服累计服务量超 2.6 亿次，客户交互时间平均缩减 20 秒。 营销 2.0 系统累计覆盖 19 家省公司，服务 4.7 亿用户。 治理频繁停电问题 3.3 万项，客户反映的频繁停电、低电压问题数量同比下降超过 60%。 网上国网 App 注册用户突破 3.1 亿户，月活用户 7000 万。 累计建成 2190 个营销 RPA 应用场景

续表

披露项	举措
S.2.3 创新发展	坚持战略引领,强化科技攻关,在特高压、大电网运行控制、柔性直流输电等领域取得一批具有自主知识产权、世界领先的原创成果。 坚持科技创新和制度创新"双轮驱动",完善科技创新管理方式,进一步破除科技创新制度藩篱,强化知识产权运营和成果转化,持续夯实技术标准支撑能力,助力公司体制机制整体实效提升
S.2.3.1 研发与创新管理体系	制定出台加快推进高水平科技自立自强举措 21 项。 印发公司关于加强所属全国重点实验室建设的指导意见,部署推进基础前瞻性研究项目攻关,推动全国重点实验室加快成为国家战略科技力量。 完善研发投入管理机制。规范投入统计管理,印发研发投入规范管理的通知 5 项。 6 个实验室纳入新的全国重点实验室序列,新增 1 个国家能源研发创新平台和 6 个赛马平台。 新型电力系统技术创新联盟成员扩充至 62 家
S.2.3.2 研发投入	全年研发经费投入 388.3 亿元,投入强度达到 1.05%
S.2.3.3 创新成果	获授权专利 8521 项,其中发明专利占比 68.1%,专利拥有量连续 12 年位居央企第一,被国务院国资委评为专利质量 A 类企业。 牵头立项国际标准 60 项、发布国际标准 21 项,公司首项 ITU 标准和首批 2 项 ISO 标准成功获批发布,实现三大国际标准组织标准发布全覆盖;发布国家标准 96 项、行业标准 118 项、团体标准 241 项,继续保持行业领先。 获第 24 届中国专利奖 10 项。 获中国电力科学技术奖一等奖 10 项(牵头 8 项,参与 2 项);蝉联 2023 年度电力创新奖(标准类)大奖。 获批立项 11 个国家重点研发计划项目,6 个国家项目通过综合绩效评价
S.2.3.4 知识产权保护	开展知识产权分级分类管理,规范公司专利价值评价和专利运用、处置审批流程,有序开展专利评价和价值提升工作,专利结构不断优化。 持续加强知识产权法律保护,针对性采取维权手段,基本健全事前预警、事中监测、事后应对的知识产权保护机制
S.3 供应链安全与管理	 **5** 性别平等 **8** 体面工作和经济增长 **16** 和平、正义与强大机构
S.3.1 供应商管理	建立集团物流网络和质量管控体系。坚持"质量第一"采购导向,建立供应商管理体系和"检储配"一体化基地,严把入网质量关和在网运行绩效评价关。 坚持规范从严,物资业务从"线下"到"线上"、从"人防"到"智防",有效防范物资管理风险。 持续优化采购策略,以智能化手段强化招标采购精准、精细、精益管理。 印发《绿色采购指南》,向上下游企业传导绿色发展理念
S.3.1.1 供应商选择与管理	提升供应商服务水平,明确 45 项工作举措,持续优化营商环境。 召开供应商大会,发布推动行业高质量发展倡议。 建设供应商全量数据信息库。 开展供应商自愿申请的资质能力信息核实工作,确保其行为符合国家相关要求。 对新供应商依法合规资质、社会信用及可能产生的社会负面影响进行识别与核实。 借鉴和采纳社会标准筛选负责任的供应商,覆盖参与招投标的所有供应商。 定期收集供应商不良行为、失信行为信息,反馈至招标采购环节,为否决投标或暂停中标资格处理提供依据。

续表

披露项	举措
S.3.1.1 供应商选择与管理	聘请公证机构监督招标全过程，集中采购信息全公开，在公司门户网站及采购文件中公示或载明投诉质疑联系方式，确保供应商接受社会监督和评估。 在合同执行环节，开展供应商履约考核评价和随机抽检，依据相关法律法规及规定对不合格的供应商进行处理。 通过大数据手段，定期对供应商实施经营风险监测。 对于内外部监督检查、投诉举报发现的问题，依据相关法律法规及规定对相关的供应商进行处理 扫描二维码，了解国家电网公司的供应商选择与管理
S.3.1.2 供应商数量及分布	公司与 7694 家主流电力设备制造和服务供应商长期合作
S.3.2 供应链环节管理	加强绿色现代数智供应链管理体系建设，聚焦提升"四力"和"三效"，加快推进国网绿链建设
S.3.2.1 供应链管理政策及措施	制定《在建设世界一流企业中加强绿色现代数智供应链管理体系建设的实施意见》。 升级上线电子商务平台（国网绿链云网）、供应链基础大数据库和高端智库，上线招标采购机器人，进一步提升供应链业务自动化、智能化水平。 加快建设供应链统一标准体系，成立公司供应链领域首个国家标准化管理委员会工作组，发布国家标准、行业标准等各级标准 24 项。 升级优化供应链管理制度体系。 采购文件评审效率提升 20%，供应链业务办理时间平均压减 63%，累计为供应商节约成本 40.8 亿元
S.3.2.2 供应链安全保证与应急预案	加强供应链环境风险管理，进行产品源头管理，通过驻厂监造、云监造等方式，确保产品符合环保要求
S.3.2.3 重大风险与影响（供应链）	报告期内，未发现供应链对社会的重大负面影响。 处理不良行为供应商 1268 家次
S.4 社会贡献	1 无贫穷　3 良好健康与福祉　5 性别平等　8 体面工作和经济增长　9 产业、创新和基础设施　11 可持续城市和社区
S.4.1 缴纳税费情况	
S.4.1.1 缴纳税费情况	实现利税 1659.1 亿元
S.4.2 社区共建	关注和促进解决重大社会问题
S.4.2.1 参与当地社区建设的政策措施	服务乡村振兴，助力共同富裕。依托大电网推进援藏、援疆、援青和电力帮扶

续表

披露项	举措
S.4.2.2 对当地社区的贡献与影响	实现经营区内村村通电。加快区域协调发展、乡村振兴、老旧小区改造等配套电网建设，提升供电服务水平
S.4.3 社会公益活动	公司热心社会公益事业，积极开展助学、助老、助残、环保等社会救助和公益活动，实施重大自然灾害救助，展现央企责任担当。公司发起设立国家电网公益基金会
S.4.3.1 参与社会公益活动的政策措施	聚焦"服务乡村振兴、服务能源绿色低碳发展、扶危济困、奉献爱心"四大主题，实施"四大工程"开展十四项行动，重点打造"候鸟生命线""生命鸟巢""电力爱心超市""电力爱心教室""绿电方舟"等公益项目
S.4.3.2 参与社会公益活动的投入及成效	公司 2023 年实施公益项目 628 个，捐赠金额 39796.82 万元。 国家电网公益基金会捐赠项目 16 个，捐赠金额 17568.51 万元。 "候鸟生命线"项目覆盖我国 19 个省份多条候鸟迁徙线路，组织各类活动 300 余次，孵化东方白鹳幼鸟 200 余只。 "生命鸟巢"项目在 6 省高原草原地区输电线路沿线架设人工鸟巢，新建人工鸟巢 189 个，组织开展各类活动 67 场。 "电力爱心教室"项目完成 43 所学校的教室照明改造等公共设施升级，改善光源环境面积 24883 平方米。 "电力爱心超市"项目截至 2023 年底累计建设电力爱心超市 370 个，实现公司经营范围全覆盖;精选、上架物资超 1300 余种，创造公益岗位 418 个，受益村民 19.84 万户、68 万余人。 "绿电方舟"项目在 6 个极危物种保护地捐建微电网和储能设施，保护中华凤头燕鸥、百山祖冷杉等濒危物种及生物多样性，成功孵化中华凤头燕鸥 179 只。 公司荣获第十二届中华慈善奖，也是第九次获得该奖
S.4.4 国家战略响应	着力增强核心功能，体现国家意志、服务国家战略，更好实现政治属性、经济属性、社会属性的有机统一，切实担负起大国重器、强国基石的使命责任，积极对接区域协调发展、乡村振兴、高质量共建"一带一路"等国家战略，在保障能源电力安全、助力现代化产业体系建设方面更好发挥国有经济战略支撑作用
S.4.4.1 产业转型	加快发展信息通信、工业控制、新型储能、电动汽车服务、海上风电并网、综合能源服务、北斗及地理信息、能源电商等战略性新兴产业。高精度模数转换芯片、中压IGBT器件实现量产，智慧车联网平台注册用户突破2500万，电商平台成交额突破1.3万亿元，新能源云平台接入场站超过530万座。战略性新兴产业资产总额2723亿元;战略性新兴产业营业收入1121.3亿元。 印发《关于进一步加快数字化转型的意见》和 2023 年行动方案，开展公司数字化架构体系和新型电力系统数字技术支撑体系优化设计，推动实现电网一张图、数据一个源、业务一条线、设备一本账、采集一终端、生态一链通"六个一"建设目标。实施数字化转型"十大工程",基本建成"电网一张图"，完成设备全过程数据贯通试点，启动数字化配电网示范区建设。全国碳排放监测分析服务平台、国家充电设施监测服务平台、企业级气象数据服务中心等上线运行，智慧财务共享平台、国网绿链、PMS3.0 系统、营销 2.0 系统、e 基建 2.0 系统等加速落地，人工智能、电力北斗等初步实现规模化应用。国网河南、重庆、宁夏、新疆电力等持续深化能源大数据中心建设应用，创新开展电力看经济、看"双碳"、看环保，持续释放数据价值
S.4.4.2 乡村振兴与区域协同发展	贯彻国家农网巩固提升指导意见，开展农网薄弱环节专题调研，有序推进大电网延伸覆盖，加快实施农村电网巩固提升工程，助力新建 4500 万亩、改造 3500 万亩高标准农田。 积极服务新型城镇化和乡村振兴，竣工投产 11.8 万项农网巩固提升和城网更新改造工程。

续表

披露项	举措
S.4.4.2 乡村振兴与区域协同发展	直接投入帮扶资金 6.6 亿元，引进帮扶资金 3.4 亿元，培训各类人才 3.7 万人次，完成消费帮扶 8 亿元，连续六年在中央单位定点帮扶中考评为"好"。 加快重点区域电网建设，服务京津冀协同发展、新时代东北振兴、长江经济带一体化发展。 明确 2023 年援疆援藏 230 项重点任务，制定公司以更大力度服务新疆高质量发展十项举措
S.4.4.3 海外履责	公司在全球 45 个国家开展国际业务，服务高质量共建"一带一路"和国际化经营成果获得利益相关方充分肯定和高度评价。安全稳定运营海外项目，所有境外投资项目均保持稳健运营、全部盈利。 成功中标巴西东北部新能源送出 ±800 千伏特高压直流输电项目 30 年特许经营权，带动中国电力工程、装备和材料出口超过 77 亿元。 建成投运印尼高级计量系统、阿曼南北联网一期等一批海外重点工程，默拉直流荣获"中巴经济走廊突出贡献奖"。 协调中俄联网项目稳定送电，中俄、中蒙等跨国输电线路累计完成交易电量 450 亿千瓦时。 推进菲律宾"光明乡村"二期公益项目，巴西苦咸水淡化公益项目建成投产，国网巴西控股公司健康减贫案例及巴西苦咸水淡化公益项目入选联合国第四届"全球减贫案例征集活动"最佳案例。巴西美丽山特高压输电二期项目入选中央广播电视总台《"一带一路"ESG 行动报告》
S.4.4.4 行业特色及其他社会责任履行情况	制定增强电力长期安全稳定供应能力的落实举措，优化公司"双碳"目标下新型电力系统建设行动方案，开展 9 省区新能源消纳问题专题研究。 全力服务稳经济稳增长。制定落实国务院国资委进一步扩大有效投资的具体举措，2023 年电网投资创历史新高，充分释放电网投资带动效应。 全力保障雨雪冰冻、地震洪涝等抢险救灾，争分夺秒抢修受损设施，全年应对各类自然灾害共投入 12 万余人，快速高效调拨应急物资 8.31 亿元。 圆满完成 7 次国家级重大保电任务，共投入保电人员 4.3 万余名。如期投产 239 项迎峰度夏和 113 项迎峰度冬重点工程

公司治理范畴（G）关键绩效

披露项	举措
G.1 治理机制	5 性别平等 ⚥　16 和平、正义与强大机构 🕊
G.1.1 治理策略	坚持党的领导，加强党的建设是国有企业的根和魂，是中国国有企业特别是中央企业根本的制度优势和优良传统。在以习近平同志为核心的党中央坚强领导下，公司坚持将党的领导和加强党的建设贯穿改革发展全过程，将党的政治优势转化为企业发展优势，持续提升政治领导力、思想引领力和组织凝聚力，以高质量党建引领保障公司高质量发展
G.1.1.1 治理策略制定	坚持党对国有企业的领导是重大政治原则，必须一以贯之；建立现代企业制度是国有企业改革的方向，也必须一以贯之。公司落实新时代党的建设总要求和新时代党的组织路线，在深化国有企业改革中，始终把加强党的领导和完善公司治理结构有机统一起来，把党的领导总的要求、党对国有企业领导的要求、党建工作总的要求纳入公司的章程，把党的领导和公司的各项治理结构有机结合起来，把党建这种制度优势内嵌到公司法人治理结构中，使党的领导地位和党的政治核心地位得到充分发挥
G.1.1.2 党建引领	深入实施"旗帜领航"党建工程，细化"旗帜领航"党建工程45项重点举措，以钉钉子精神把各项工作抓具体抓深入。织密建强基层组织体系，建立党的组织，优化组织设置，不断巩固扩大"两个覆盖"。加强基层党组织标准化建设。深化"党建+"工程和共产党员服务队建设，激励党员勇当先锋。加强改进思想政治工作，提升统战群团工作质效，引导职工团结奋斗
G.1.2 管治架构和组成	公司由国家单独出资。国务院国资委作为履行出资人职责的机构依据有关法律、行政法规和国务院授权，代表国务院对公司履行出资人职责，享有出资人权益。根据《中国共产党章程》规定，经上级党组织批准，设立中国共产党国家电网有限公司党组。公司党组设书记1名，其他党组成员若干名。中央纪委国家监委向公司派驻驻国家电网有限公司纪检监察组。公司党组发挥把方向、管大局、保落实的领导作用，依照规定讨论和决定公司重大事项。重大经营管理事项须经公司党组研究讨论后，再由董事会作出决定。公司设董事会，董事会由7~13名董事组成；设董事长1名、可以设副董事长1~2名；依照法律规定，配备1名职工董事。董事会是公司的经营决策主体，定战略、作决策、防风险，依照法定程序和相关章程行使对公司重大问题的决策权，并加强对经理层的管理和监督。经理层是公司的执行机构，谋经营、抓落实、强管理。公司设总经理1名、副总经理若干名、总会计师1名，对董事会负责，向董事会报告工作，接受董事会的监督管理。董事会闭会期间总经理向董事长报告工作
G.1.2.1 最高管治机构的提名与遴选	根据《关于中央企业在完善公司治理中加强党的领导的意见》相关要求，"坚持和完善'双向进入、交叉任职'领导体制，符合条件的党组成员可以通过法定程序进入董事会、经理层，董事会、经理层成员中符合条件的党员可以依照有关规定和程序进入党组"被写入公司章程。同时，章程中明确要求"公司党组书记、董事长由一人担任，党员总经理担任党组副书记。公司党组配备主抓党建工作的专职副书记，专职副书记进入董事会且不在经理层任职"
G.1.2.2 最高管治机构的主席	公司董事长辛保安同志兼任党组书记

续表

披露项	举措
G.1.2.3 在管理影响方面，最高管治机构的监督作用	董事会是公司的经营决策主体，定战略、作决策、防风险，负责建立健全公司战略规划研究、编制、实施、评估的闭环管理体系，研究决策公司贯彻党中央、国务院决策部署和落实国家发展战略的重大举措，制订公司经营方针、战略规划和投资计划，制订经营计划，研究工资收入分配、企业民主管理、职工分流安置等涉及职工权益及安全生产、生态环保、维护稳定、社会责任等方面的重要事项等
G.1.2.4 为管理影响的责任授权	公司董事会根据公司经营管理状况、业务负荷程度、风险控制能力等因素，科学论证、合理确定授权决策事项范围、具体授权对象及权限划分标准，按照"董事会秘书拟订，党组前置研究讨论、严格把关，董事会决定"的程序，制定授权决策方案，并报国务院国资委备案。根据授权决策方案，将经济、社会和环境方面部分事项授权董事长与总经理进行决策，行权方式为董事会召开董事长专题会议和总经理办公会
G.1.2.5 最高管治机构的共同知识	为促进公司董事会围绕经济、社会和环境等相关方面工作凝聚共识、共谋发展，通过重要会议、主题培训等方式，建立健全工作机制、有效搭建沟通桥梁，为强化董事会决策质效提供了坚强保障。一是建立会前沟通机制，深化与外部董事沟通交流，每次董事会会议召开前，董事长委托 1 名领导班子成员主持召开会前沟通会，就提交董事会审议议题向外部董事作详细说明，形成共识后再提交董事会审议。二是建立专题培训机制，围绕党和国家政策、能源领域热点等主题，邀请权威专家、相关单位等展开专题培训，促进外部董事相互交流、达成共识
G.1.2.6 对最高管治机构的绩效评估	每年年底，由中组部和国务院国资委组织开展对公司董事会和董事成员的考核评价。其中，对董事会评价重点围绕规范性、有效性，包括权责运行、信息沟通、定战略、作决策、防风险、企业发展改革成效；对董事评价重点围绕行为操守、履职贡献，包括忠实勤勉、严以律己、科学决策、监督问效、建言献策
G.1.3 企业负责人薪酬管理	国务院国资委根据《中央管理企业负责人薪酬制度改革方案》，健全中央管理企业负责人薪酬分配的激励和约束机制，坚持分类分级管理，建立与中央企业负责人选任方式相匹配、与企业功能性质相适应的差异化薪酬分配办法，严格规范中央管理企业负责人薪酬分配
G.1.3.1 薪酬政策	国务院国资委依据《中央企业负责人经营业绩考核办法》，对主业处于国家安全、国民经济命脉的重要行业和关键领域、主要承担国家重大专项任务的商业类企业，在保证合理回报和国有资本保值增值的基础上，加强对服务国家战略、发展前瞻性战略性产业等情况的考核
G.1.3.2 薪酬透明度	出于保护公司敏感信息和员工隐私的考虑，本报告中不披露薪酬占比的具体数据。国务院国资委每年组织开展中央企业负责人年度薪酬信息集中披露
G.2 规范治理	16 和平、正义与强大机构
G.2.1 内部控制	贯彻落实国务院国资委关于中央企业内部控制体系建设与监督工作要求，聚焦内控管理执行力提升，聚焦重点领域和重大风险防控，持续完善全面风控体系，加强穿透式管控和风控数字化建设，筑牢不发生系统性重大风险底线，促进依法合规经营和健康可持续发展
G.2.1.1 内部控制结构、机制和流程	公司全面风险和内控工作以国务院国资委《中央企业全面风险管理指引》和财政部《企业内部控制基本规范》为起点，立足央企功能定位，统筹发展与安全，平衡风险与效率，构建了"一体化运作、两级组织、三道防线、四个抓手"的管理框架，明确了工作的组织体系、职责边界和工作手段，统筹应对各类风险。

续表

披露项	举措
G.2.1.1 内部控制结构、机制和流程	公司以全面风险防控为目标，对外部风险从提前识别和防控入手，建成了以"全面评估＋重点防范"为核心的风险管理机制；对内部风险从管理和执行入手，建成了以"流程管控＋问题治理"为核心的内部控制机制。实现了风险与内控工作一体化运作，有效防控各类内外部风险。 公司总部在董事会层面设立审计与风险委员会，充分发挥决策咨询作用；在经营层设立全面风险管理委员会（内部控制委员会，简称风委会），统筹公司风控管理工作；两级委员会上下联动、有效衔接，确保国家政策和公司要求有效落地。各二级单位成立由主要领导负责的风委会，统筹协调本单位风险、内控工作。 公司将风控管理各项要求融入日常工作和业务流程，建立健全了以业务部门为核心的第一道防线，落实管业务必须管内控、管业务必须管风险的风控主体责任，从业务源头开展全过程管控；建立健全了以风险、内控相关的管理委员会和职能部门为核心的第二道防线，发挥协调组织作用，统筹公司风控体系建设，将风控规则逐步嵌入业务流程，为业务部门提供风控专业支持和补充，落实风控管理职能；建立健全了以审计、巡视巡察等内部监督机构为核心的第三道防线，从执行结果入手，发挥查错纠弊作用，促进风控体系不断优化
G.2.1.2 内部审计	强化党管审计。主要负责同志亲自抓、亲自管，公司党组审计工作委员会牵头抓总、统筹协调，各二级单位全部成立党委审计工作委员会，健全了党管审计的组织保障；加强审计领域战略谋划和顶层设计，印发公司审计工作高质量发展三年行动方案；公司系统全年向本级党组织、董事会汇报审计工作 1270 余次。 健全体制机制。践行健全完善审计体制机制 23 条措施、进一步做好 2023 年度审计工作 6 方面意见，挂图作战推动全面落地；规范公司监督体系联席会议运作，总部全年召开联席会议 4 次；全面落实审计监督新要求，修订完善管理制度 6 项、审计指引 4 项。 主动接受监督。完成资产减值专项审计等 5 项审计配合，全力配合国务院国资委开展违规违法获取工程等专项检查，指导 11 家二级单位配合做好 21 项政府审计延伸
G.2.2 合规管理	公司认真落实国务院国资委中央企业合规管理要求，通过"合规管理提升年"、合规管理体系有效性评价、合规督导等工作，实现合规管理组织效能持续提升，制度体系更加健全，运行机制更加顺畅，重点领域合规管理不断增强，风险防控有力有效，合规文化更加浓厚，重点工作合规管理取得扎实成效
G.2.2.1 合规管理制度	不断健全和完善合规制度体系，修订《合规管理办法》《反垄断合规管理实施细则》，编发合规"一库两清单"及 16 册《法治企业（合规管理）行为指引》。 依法保障重大决策，修订重大决策合法合规性审核实施办法，编制约束性条件和禁止性情形清单，全面实施后评估机制。 积极推动依法治理，坚持"基本制度"定位，完善以章程为基础、以治理授权和管理授权为核心的授权管理体系
G.2.2.2 合规体系建设情况	公司构建并不断完善和提升合规管理体系，包括责权明晰的合规管理组织体系，系统完备的合规制度体系，覆盖业务全流程的合规管理运行机制和明确的合规管理职责分工。 扎实推进"合规管理提升年"专项行动，制定行动方案，完成 23 项重点任务。 开展打击假冒国企和挂靠经营整治工作，全年新发监管处罚类违规事件同比减少 36.8%。 制度制定、重大决策和重要合同合规审查率 100%。 开展"合规管理体系有效性评价"等 6 项合规专题调研，针对公司总部及 68 家所属单位开展合规管理体系有效性评价，并选取 10 家单位进行现场督导评价，增强合规穿透力，切实推动"业规融合"
G.2.3 风险管理	公司全面落实董事会确定的不发生系统性重大风险、确保一般风险得到有效防控、确保问题隐患得到有效治理的工作要求，全面落实中央巡视和外部审计发现问题整改要求，全面落实国务院国资委关于生产安全、网络安全、内控体系监督和重大风险监测各项要求，提升风控执行能力、开展重点

续表

披露项	举措
G.2.3 风险管理	领域治理、筑牢重大风险底线。坚持问题导向、底线思维，统筹发展和安全，统筹效率和风险，以制度体系有效执行为基础，以重点领域风险防治为抓手，以数智化风控体系为保障，全面深化风控体系建设运行与监督，持续优化风险治理方式、机制和手段，强化风险穿透式管控，提升内控执行效力，实现"三个确保"目标，即确保不发生系统性重大风险、确保一般风险得到有效防控、确保问题隐患得到有效治理
G.2.3.1 风险识别与预警	公司定期开展合规风险识别、评估，构建合规风险库，对潜在风险发出预警提示。 开展重大经营风险预测评估，排查隐患 8.6 万项，其中重大隐患 308 项。提示警示合规风险 560 项，打好合规风险"预防针"
G.2.3.2 风险控制与追踪	充分发挥各级风委会的统筹组织职能，以问题治理、制度执行和数字化手段为抓手，系统推进重点领域风险防控、关键经营领域内控缺陷治理，消除管理隐患，解决实际问题，筑牢风险防控底线。 将风控管理要求与专业领域管理提升有效衔接、主动服务，进一步强化横向协同和纵向联动，推动公司风控工作与业务管理深度融合。 坚持结果导向，治理问题追根溯源，从制度、流程层面健全长效机制，确保治理成效。聚焦重点做实做细防控措施，严格落实规范要求，确保风险可控在控。 依托业务财务系统和数据中台，深入开展数据校验、分析和应用，推动关键风控规范、标准、流程和风险点嵌入业务前端，实现风控管理向事前、事中管理转型。 2023 年，公司从提升风控执行能力、重点领域治理、筑牢重大风险防控底线、强化协同监督考核四个方面布置风控任务，下发工作任务清单。 开展内控评价，推进审计、财务、法律、巡视、纪检、安监等监督职能横向协同，实现内外部监督检查成果在公司系统全量充分共享应用。组织落实内外部审计问题整改，加强跟踪推进、督导检查，持续健全审计整改长效机制。开展违规违法获取工程项目问题专项整治，分专业排查廉洁风险点和管理漏洞，建立台账，逐一落实整改措施
G.2.3.3 风险报告与管理	严格按照国务院国资委《中央企业重大经营风险事件报告工作规则》要求，准确判别经营风险事件发生情形和影响，压实报告主体责任，健全报告工作机制，畅通报告渠道，落实事件处置职责，实现对重大经营风险事件快速反应、及时报告、精准管控、稳妥处置。 进一步优化风控管理业绩考核指标，严格执行指标考评标准和过程监控制度，对发生重大经营风险事件并造成严重后果的、发现内控重大重要缺陷的单位严肃考核，及时发布考核监控信息，充分发挥考核激励约束作用，以考核促提升，压实各专业、各单位风控责任
G.2.4 廉洁建设	公司以严的基调、严的措施、严的氛围，坚持不懈抓好党风廉政建设，旗帜鲜明开展反腐败斗争，一刻不停推进全面从严治党，营造风清气正的政治生态，为公司高质量发展提供有力保障。坚持无禁区、全覆盖、零容忍，坚持有腐必反、有贪必肃，主动发现和严肃查处职务犯罪问题
G.2.4.1 廉洁建设制度规范	认真落实《中国共产党纪律检查委员会工作条例》，严格执行公司纪检监察制度体系，持续优化工作机制和程序
G.2.4.2 廉洁建设措施成效	公司党组接受中央巡视，严肃认领、照单全收反馈意见，成立巡视整改工作领导小组，以钉钉子精神推进 118 项整改措施落实落地。专题研究党风廉政建设和反腐败工作 35 次，制定实施 45 项年度重点任务。 开展违规违法获取工程项目、业扩报装领域突出问题自查自纠与检查督导，严肃查处靠企吃企、利益输送、设租寻租、跨境腐败等问题。公司系统立案 2373 件、处分 2808 人、处理 3499 人。开展违规吃喝问题专项整治，查处"四风"问题 134 件。拍摄编制系列警示教育片和教育读本，组织开展警示教育活动。

续表

披露项	举措
G.2.4.2 廉洁建设措施成效	总部纪委按照管理权限依规依纪依法处置有关问题线索,立案7件,处分处理10人(其中处分7人、诫勉2人、处理1人),制发纪律检查建议书2份,回复廉政意见528人次,持续营造严的氛围。开展总部处室负责人任前廉政谈话2批75人次,督促忠诚履职、廉洁从业

G.3 利益相关方

披露项	举措
G.3.1 利益相关方关系管理	公司高度重视并致力于与利益相关方建立良好关系,开展高效沟通,不断扩展和深化利益相关方的参与及合作,并自觉接受和配合各利益相关方的监督,就利益相关方提出的监督意见和建议进行有效、持续的改进
G.3.1.1 利益相关方识别与遴选	基于公司日常运营和管理、议题范畴、影响程度等因素,识别与遴选出对公司发展产生重要影响的内外部利益相关方。 公司的利益相关方包括:政府,股东,用户,伙伴,员工,社会,环境,媒体
G.3.1.2 利益相关方参与的方法	公司利益相关方参与及合作的基本原则:诚信透明、合理分工、可持续、互利共赢、优势互补。详见《利益相关方参与及合作管理手册》 扫描二维码,了解详细信息
G.3.1.3 利益相关方沟通	公司注重利益相关方的沟通与参与,通过常态化的沟通与监督机制,回应关键利益相关方的关注点,进而构建紧密关系,形成可持续发展共识。详见《利益相关方沟通手册》 扫描二维码,了解详细信息
G.3.2 协会的成员资格	中国档案学会,国际档案理事会,中国能源研究会,中国核学会,中国投资协会,中国电力发展促进会,中国会计学会,中国总会计师协会,中国价格协会,中国银行间市场交易商协会,全国党的建设研究会,中央企业党建思想政治工作研究会,中国电力思想政治工作研究会,中国可持续发展工商理事会,中国安全生产协会,中国电工技术学会,中国电力设备管理协会,电气电子工程师学会(IEEE)标准委员会,电气电子工程师学会(IEEE)电力与能源协会(PES),国际大电网会议(CIGRE),中国国际跨国公司促进会,中国对外承包工程商会,中国机电产品进出口商会,中国国际商会,特大电网运行者组织(G015),亚太电协,全球可持续电力合作组织(G-SEP),世界可持续工商理事会(WBCSD),美国爱迪生电气协会,中意企业家委员会理事会,中国产业海外发展协会,上海合作组织睦邻友好委员会,世界经济论坛,中芬创新企业合作委员会,国际电信联盟(ITU-T),中国电力技术市场协会,世界互联网大会,中国电力建设企业协会,中国招标投标协会,中国设备监理协会,中国内部审计协会,中国审计学会,中国法学会能源法研究会,中国职工技术协会,电力文学艺术协会,中国水力发电工程学会,中国大坝工程学会,中国企业联合会,中国工业经济联合会,中国标准化协会,中国质量协会,中国电力企业联合会,中国水利电力质量协会,中国电机工程学会,全球能源互联网发展合作组织

G.4 信息披露

续表

披露项	举措
G.4.1 信息披露制度	公司建立完备的信息发布管理办法、规章制度，促进信息披露，提升信息披露水平和透明度
G.4.1.1 财务信息披露	公司每年向关键利益相关方披露财务报告
G.4.1.2 非财务信息披露	公司连续 18 年发布社会责任报告，不定期发布各种专项报告、国别报告，组织公司各单位发布服务地方经济社会发展履责报告，组织控股上市公司发布环境、社会和公司治理报告。2023 年，公司发布第 18 本社会责任报告，同时还发布了服务新能源发展报告、环境保护报告、落实全球发展倡议（GDI）贡献报告、国网能源绿色低碳转型行动报告、国家电网巴西国别社会责任报告、国家电网智利国别社会责任报告等。国家电网公司总部及各下属单位发布各类社会责任信息披露报告共计 426 本。 公司通过报纸、杂志、网站、社交媒体账号，向全社会进行全面、系统、详细的信息披露
G.4.2 信息披露质量	公司通过内审程序和外部监督确保信息披露质量，不断提升企业透明度水平
G.4.2.1 最高管治机构在可持续发展报告中的作用	在本报告编制过程中，公司主要领导亲自策划部署、领导推动、审定把关。 按照国务院国资委工作要求，本报告分别向公司党组和董事会进行了汇报，并进行了会议审议
G.4.2.2 所有披露信息定期监督、审计和评估	公司在法律体系和国资权限允许的情况下，与外部审计机构和国家监察机构保持持续对话，并允许其对公司所披露的信息进行定期监督、审计和评估。 公司发布的社会责任报告积极参与政府机构、行业协会和社会组织的第三方评估、评级
G.4.2.3 透明度管理	公司对信息、制度、财务、服务等一切与经营管理相关的内容实行公开化，不断提高公司运营透明度，接受各利益相关方监督，使员工及外部利益相关方充分了解公司经营管理的全过程，成为公司发展的主动参与者和推动者。详见《透明度管理手册》 扫描二维码，了解详细信息

GRI 内容索引

	CONTENT INDEX ESSENTIALS SERVICE WITH REFERENCE OPTION	2024
	SDG ADD-ON	2024

使用说明	国家电网有限公司在 2023 年 1 月 1 日—2023 年 12 月 31 日期间参照 GRI 标准报告了在此份内容索引中引用的信息。
使用的 GRI1	GRI1：基础 2021

GRI 标准	披露项	对应页码	可持续发展目标（SDGs）
	一般披露		
GRI 2：一般披露 2021	2-1 组织详细情况	4	
	2-2 纳入组织可持续发展报告的实体	6-7	
	2-3 报告期、报告频率和联系人	122	
	2-4 信息重述	无	
	2-5 外部鉴证	无	
	2-6 活动、价值链和其他业务关系	4	
	2-7 员工	100	SDG8 SDG10
	2-8 员工之外的工作者	100	SDG8
	2-9 管制架构和组成	107	SDG5 SDG16
	2-10 最高管治机构的提名与遴选	107	SDG5 SDG16
	2-11 最高管治机构的主席	107	SDG16
	2-12 在管理影响方面，最高管治机构的监督作用	108	SDG16
	2-13 为管理影响的责任授权	108	
	2-14 最高管治机构在可持续发展报告中的作用	112	
	2-15 利益冲突	112	SDG16
	2-16 重要关切问题的沟通	107	
	2-17 最高管治机构的共同知识	108	
	2-18 对最高管治机构的绩效评估	108	
	2-19 薪酬政策	108	
	2-20 确定薪酬的程序	100、108	
	2-21 年度总薪酬比率	108	
	2-22 关于可持续发展战略的声明	2-3	
	2-23 政策承诺	90、109-110	SDG16

注：
1. 经 GRI 服务部门审查，内容索引——基本服务呈现清晰、参照标准并可供利益相关方查阅 (The Content Index – Essentials Service)。
2. 经 GRI 服务部门审查，内容索引中包含的 GRI 披露内容与可持续发展目标参照 GRI 网站上提供的"目标与指标数据库"工具进行合理对应。
3. 基于中文版报告开展服务。

GRI 标准	披露项	对应页码	可持续发展目标（SDGs）
GRI 2： 一般披露 2021	2-24 融合政策承诺	100、103	
	2-25 补救负面影响的程序	110	
	2-26 寻求建议和提出关切的机制	100-101	SDG16
	2-27 遵守法律法规	22-23	
	2-28 协会的成员资格	111	
	2-29 利益相关方参与的方法	118-119	
	2-30 集体谈判协议	100-101	SDG8
实质性议题			
GRI3： 实质性议题 2021	3-1 确定实质性议题的流程	120	
	3-2 实质性议题清单	120	
经济绩效			
GRI3： 实质性议题 2021	3-3 实质性议题的管理	13	
GRI201: 经济绩效 2016	201-1 直接产生和分配的经济价值	4-5	SDG8 SDG9
	201-2 气候变化带来的财务影响以及其他风险和机遇	94	SDG13
	201-3 义务性固定福利计划和其他退休计划	100	
间接经济影响			
GRI3： 实质性议题 2021	3-3 实质性议题的管理	30	
GRI 203: 间接经济影响 2016	203-1 基础设施投资和支持性服务	30-33、 43、106	SDG5 SDG9 SDG11
	203-2 重大间接经济影响	105-106	SDG1 SDG3 SDG8
反腐败			
GRI3： 实质性议题 2021	3-3 实质性议题的管理	26	
GRI 205： 反腐败 2016	205-2 反腐败政策和程序的传达及培训	110-111	SDG16
	205-3 经确认的腐败事件和采取的行动	110-111	SDG16

续表

GRI 标准	披露项	对应页码	可持续发展目标（SDGs）
	物料		
GRI 3：实质性议题 2021	3-3 实质性议题的管理	96	
GRI 301：物料 2016	301-3 再生产品及其包装材料	96	SDG8 SDG12
	能源		
GRI3：实质性议题 2021	3-3 实质性议题的管理	96	
GRI 302：能源 2016	302-5 产品和服务的能源需求下降	96	SDG7 SDG8 SDG12 SDG13
	水资源与污水		
GRI 3：实质性议题 2021	3-3 实质性议题的管理	92	
GRI 303：水资源与污水 2018	303-4 排水	92	SDG6
	生物多样性		
GRI 3：实质性议题 2021	3-3 实质性议题的管理	94	
GRI 304：生物多样性 2016	304-1 组织在位于或邻近保护区和保护区外的生物多样性丰富区域拥有、租赁、管理的运营点	94	SDG6 SDG14 SDG15
	304-2 活动、产品和服务对生物多样性的重大影响	94	SDG6 SDG14 SDG15
	304-3 受保护或经修复的栖息地	94	SDG6 SDG14 SDG15
	304-4 受运营影响的栖息地中已被列入世界自然保护联盟 (IUCN) 红色名录及国家保护名册的物种	95	SDG6 SDG14 SDG15
	排放		
GRI 3：实质性议题 2021	3-3 实质性议题的管理	93	
GRI 305：排放 2016	305-5 温室气体减排量	93	SDG13 SDG14 SDG15

续表

GRI 标准	披露项	对应页码	可持续发展目标（SDGs）
	废弃物		
GRI 3：实质性议题 2021	3-3 实质性议题的管理	91	
GRI 306：废弃物 2020	306-2 废弃物相关重大影响的管理	91	SDG3　SDG6　SDG11　SDG12
	306-3 产生的废弃物	92	SDG3　SDG6　SDG11　SDG12　SDG15
	306-5 进入处置的废弃物	92	SDG3　SDG6　SDG11　SDG12　SDG15
	供应商环境评估		
GRI 3：实质性议题 2021	3-3 实质性议题的管理	103	
GRI 308：供应商环境评估 2016	308-1 使用环境评价维度筛选的新供应商	104	
	308-2 供应链的负面环境影响以及采取的行动	104	
	雇佣		
GRI 3：实质性议题 2021	3-3 实质性议题的管理	100	
GRI 401：雇佣 2016	401-2 提供给全职员工（不包括临时或兼职员工）的福利	100-101	SDG3　SDG5　SDG8
	职业健康与安全		
GRI 3：实质性议题 2021	3-3 实质性议题的管理	101	
GRI 403：职业健康与安全 2018	403-1 职业健康安全管理体系	101	SDG8
	403-2 危害识别、风险评估和事件调查	101	SDG8
	403-3 职业健康服务	101	SDG8
	403-4 职业健康安全事务：工作者的参与、意见征询和沟通	101	SDG8　SDG16
	403-5 工作者职业健康安全培训	101	SDG8
	403-6 促进工作者健康	101	SDG3

15

续表

GRI 标准	披露项	对应页码	可持续发展目标（SDGs）
GRI 403： 职业健康与安全 2018	403-7 预防和减缓与业务关系直接相关的职业健康安全影响	101	SDG8
	403-8 职业健康安全管理体系覆盖的工作者	101	SDG8
培训与教育			
GRI 3： 实质性议题 2021	3-3 实质性议题的管理	102	
GRI 404： 培训与教育 2016	404-2 员工技能提升方案和过渡援助方案	102	SDG8
	404-3 定期接受绩效和职业发展考核的员工百分比	102	SDG5 SDG8 SDG10
多元化与平等机会			
GRI 3： 实质性议题 2021	3-3 实质性议题的管理	100	
GRI 405：多元化 与平等机会 2016	405-1 管治机构与员工的多元化	100	SDG5 SDG8
当地社区			
GRI 3： 实质性议题 2021	3-3 实质性议题的管理	104	
GRI 413： 当地社区 2016	413-1 有当地社区参与、影响评估和发展计划的运营点	104-105	
供应商社会评估			
GRI 3： 实质性议题 2021	3-3 实质性议题的管理	104	
GRI 414： 供应商社会评估 2016	414-1 使用社会评价维度筛选的新供应商	104	SDG5 SDG8 SDG16
	414-2 供应链的负面社会影响以及采取的行动	104	SDG5 SDG8 SDG16
客户健康与安全			
GRI 3： 实质性议题 2021	3-3 实质性议题的管理	30	
GRI 416： 客户健康与安全 2016	416-1 评估产品和服务类别的健康与安全影响	102	
	416-2 涉及产品和服务的健康与安全影响的违规事件	102	SDG16

附录

利益相关方沟通与参与

利益相关方			

政府	股东	用户	伙伴

利益相关方

主要关注议题

- 坚持党的领导加强党的建设
- 贯彻党中央决策部署
- 落实国家战略服务新发展格局
- 保证电力供应
- 保障能源安全
- 促进绿色转型
- 助力乡村振兴
- 服务"双碳"目标
- 确保国有资产保值增值

- 依法治企
- 深化改革
- 推进电网建设增强国家综合实力
- 确保国有资产保值增值
- 推动"一体四翼"高质量发展
- 打造原创技术策源地实现高水平科技自立自强
- 服务共建"一带一路"

- 保证电力供应
- 保障能源安全
- 提供优质服务
- 开放透明沟通合作
- 促进共同富裕

- 落实国家战略服务新发展格局
- 打造原创技术策源地实现高水平科技自立自强
- 服务共建"一带一路"
- 推进电网建设增强国家综合实力
- 推动"一体四翼"高质量发展

沟通与参与方式

- 专题会议
- 定期汇报
- 战略合作

- 董事会
- 工作会议
- 定期汇报
- 内部巡视

- 95598客户服务平台
- "网上国网"App
- 营业厅

- 行业交流
- 战略合作
- 供应商服务中心

公司注重利益相关方的沟通与参与，基于公司日常运营和管理、议题范畴、影响程度等因素，识别与遴选出对公司发展产生重要影响的内外部利益相关方。通过常态化的沟通与监督机制，回应关键利益相关方的关注点，进而构建紧密关系，形成可持续发展共识。

| 员工 | 环境 | 社会 | 媒体 |

- 以人为本 关爱员工
- 推动"一体四翼"高质量发展
- 依法治企
- 深化改革
- 支持公益事业

- 促进绿色转型
- 服务"双碳"目标
- 支持公益事业

- 开放透明 沟通合作
- 服务"双碳"目标
- 助力乡村振兴
- 支持公益事业
- 促进共同富裕

- 保证电力供应
- 保障能源安全
- 促进绿色转型
- 推动"一体四翼"高质量发展
- 打造原创技术策源地实现高水平科技自立自强
- 开放透明 沟通合作
- 提供优质服务
- 深化改革
- 依法治企

- 员工满意度调查
- 职代会
- 董事长联络员调研

- 依法信息披露
- 环境影响评估
- 公众开放日

- 公众开放日
- 志愿者活动
- 新闻发布会

- 新闻发布会
- 媒体采访与传播
- "走进国家电网"活动

实质性议题分析

把握公司在中国式现代化中的新方位，领会高质量发展对公司提出的新要求，统筹政治、经济、社会"三大责任"，通过利益相关方征集、新闻舆情信息采集、内外部专家建议、公司各部门各单位履责实际、社会责任标准对标等多种方式收集实质性议题，结合 2023 年全球可持续发展趋势和公司发展战略方向及利益相关方诉求，对实质性议题进行了分析和调整，最终形成了 21 项实质性议题。

识别　　　　评估

**利益相关方
参与**

社会责任
报告　　　　验证

社会关注维度

在此基础上，我们遵照国际国内相关标准中关于可持续发展议题管理及信息披露的要求，按照实质性、完整性和利益相关方参与原则，整理媒体报道信息，了解媒体重点传播主题，分析获得利益相关方对于议题的关注度。同时，我们参考中国电力报、国家电网报、国家电网杂志、亮报等行业媒体，考量议题对公司创造经济、社会、环境综合价值的影响力，结合公司的战略和经营方针，对实质性议题的初步评估结果进行验证。

我们遵照《国家电网公司履行社会责任指南》，应用"价值创造（内生动力）—社会关注（外在动力）"二维矩阵评估议题的重要性。"内生动力"考量议题对经济、社会、环境综合价值创造的相关性、重要性和可行性，"外在动力"考量政府、股东、用户、合作伙伴、国际社会等利益相关方对议题的关切程度，综合分析 21 项实质性议题的重要性并进行排序。

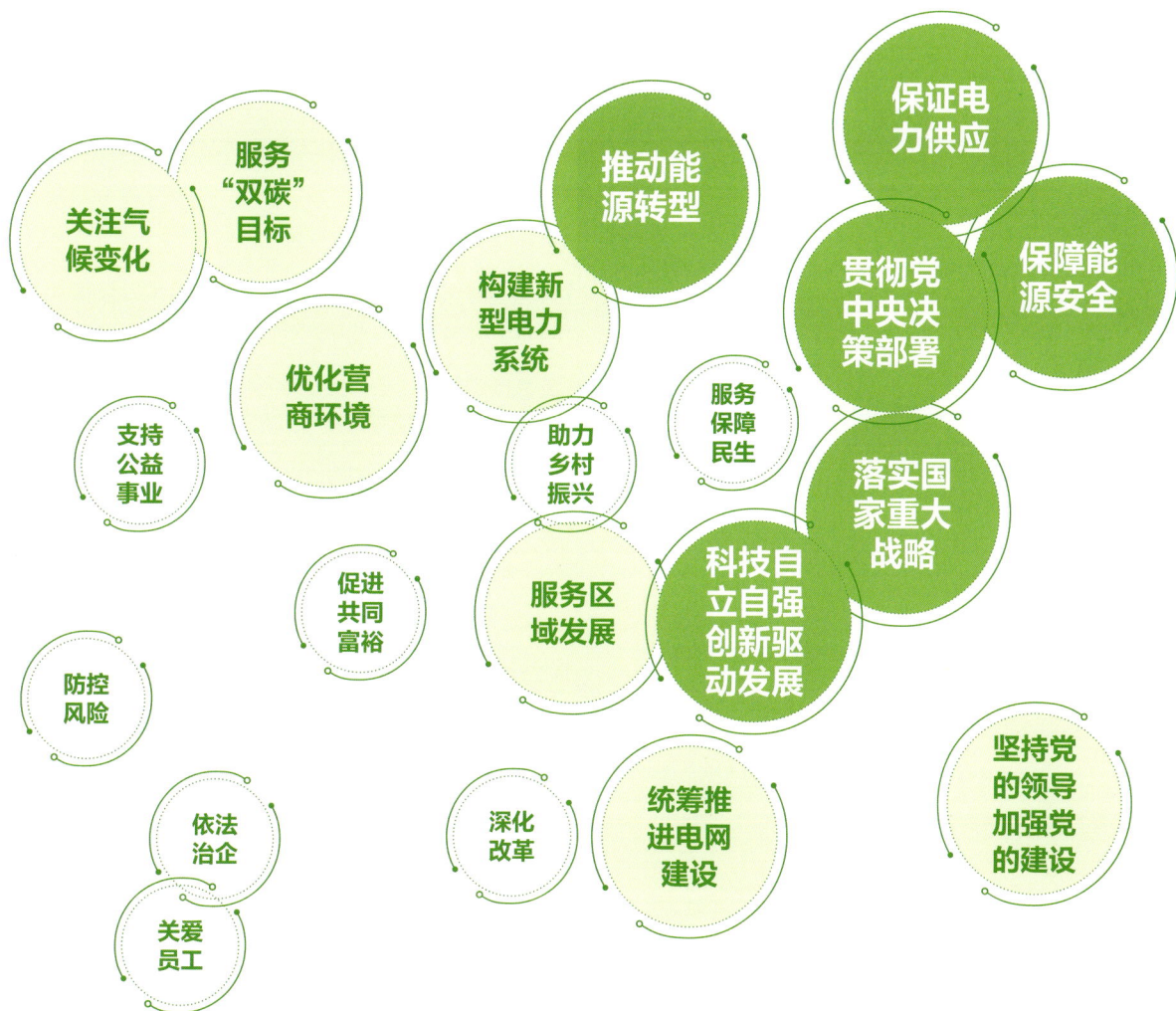

关注气候变化

服务"双碳"目标

推动能源转型

保证电力供应

贯彻党中央决策部署

保障能源安全

构建新型电力系统

优化营商环境

支持公益事业

服务保障民生

落实国家重大战略

助力乡村振兴

促进共同富裕

服务区域发展

科技自立自强创新驱动发展

防控风险

依法治企

深化改革

统筹推进电网建设

坚持党的领导加强党的建设

关爱员工

价值创造维度

报告概况

报告时间范围：

2023 年 1 月 1 日—12 月 31 日，部分内容超出上述范围。

报告发布周期：

年度报告，一般在下一年度第一季度发布。

报告组织范围：

国家电网有限公司整体（组织机构参见"公司概况"）。

报告数据说明：

本报告披露的 2023 年数据，部分经济绩效数据会与最终统计数据略有差异。

报告指代说明：

为便于表述，在报告中"国家电网有限公司"也以"国家电网公司""国家电网""公司""我们"表示。报告中涉及的国家电网公司下属公司一般使用简称，如：国网北京电力、国网苏州供电公司、国网兰考县供电公司等。

报告延伸阅读：

如欲获得关于公司治理机制、社会责任管理、利益相关方参与机制、指标计算方法等更多信息，请访问国家电网有限公司社会责任网站：

http://www.sgcc.com.cn/html/sgcc/
col2022121223/column_2022121223_1.shtml

报告语言版本和索取：

本社会责任报告有中文和英文两种版本，均以纸质版和电子版两种形式提供。如需纸质版报告，请发电子邮件至 csr@sgcc.com.cn，或致电 86-10-66598367。电子版报告见国家电网有限公司社会责任网站。

报告参照标准：

联合国《2030 年可持续发展议程》；

全球可持续发展标准委员会《GRI 可持续发展报告标准》（GRI Standards）；

国务院国资委《关于中央企业履行社会责任的指导意见》；

国务院国资委《关于国有企业更好履行社会责任的指导意见》；

GB/T 36001—2015《社会责任报告编写指南》；

《国家电网公司履行社会责任指南》；

中国社会科学院《中国企业社会责任报告指南（CASS-ESG 5.0）》；

中国工业经济联合会《中国工业企业及工业协会社会责任指南》；

国际标准化组织 ISO 26000《社会责任指南（2010）》。

2005－2023
国家电网有限公司
社会责任报告

2023	2022	2021

2020	2019	2018	2017	2016

2015	2014	2013	2012	2011

2010	2009	2008	2007	2006	2005

图书在版编目（CIP）数据

国家电网有限公司社会责任报告 . 环境、社会与公司治理报告：2023 / 国家电网有限公司编 . —北京：中国电力出版社，2024.5
（2024.8 重印）
ISBN 978-7-5198-8963-0

Ⅰ . ①国… Ⅱ . ①国… Ⅲ . ①电力工业 – 工业企业 – 社会责任 – 研究报告 – 中国 – 2023 Ⅳ . ① F426.61

中国国家版本馆 CIP 数据核字 (2024) 第 106506 号

出版发行 ：中国电力出版社
地　　址 ：北京市东城区北京站西街 19 号（邮政编码 100005）
网　　址 ：http://www.cepp.sgcc.com.cn
责任编辑 ：杨敏群　周天琦（010-63412243）
责任校对 ：黄 蓓　常燕昆
责任印制 ：钱兴根

印　　刷 ：北京雅昌艺术印刷有限公司
版　　次 ：2024 年 5 月第一版
印　　次 ：2024 年 8 月北京第四次印刷
开　　本 ：889 毫米 ×1194 毫米 16 开本
印　　张 ：8
字　　数 ：252 千字
定　　价 ：78.00 元